聞いて、話せる！

おでかけ
ODEKAKE NIHONGO KAIWA
日本語会話

あかね的日本語教室
あかね

ask

ー はじめに ー

🔊 1-1

みなさん、こんにちは！
あかね的日本語教室のあかねです。
　私は日本の日本語学校やオンラインで日本語を教えながら、YouTubeチャンネル「あかね的日本語教室」に日本語に関する動画を投稿している日本語教師です。
　この本は旅行する人をはじめ、これから日本で生活する人や留学する人が楽しく会話を勉強できるように工夫して作りました。
　YouTubeの動画では伝えきれない文法の簡単な説明や単語、便利な表現など、私がみなさんに伝えたいことをこの1冊にたくさん詰め込みました。

　「どうすれば日本語の会話が上手になりますか？」とよく質問をもらいます。もちろんみなさんが話せるようになることも大事ですが、話す相手が何を言っているのか聞き取れなかったら、会話を続けることはできません。日本語の会話が上手になりたい人は、相手の話を聞いて理解することも大切にしてほしいです。そんな気持ちを込めて、みなさんが聞くことも練習できるようにこの本を作りました。
　この本の1番の特徴は動画や音声で会話の練習ができることと、解説やこの「はじめに」も音声で聞けることです。本でも動画でも音声でも、みなさんが好きな方法でどこにいても楽しく勉強できる本を作りた

いと思っていましたが、まさか本当に実現できるなんて夢みたいです！この本で勉強する人は、InstagramやFacebookで　#おでかけ日本語をつけて、この本で勉強したことなどをぜひ投稿してください。そして、この本で勉強している仲間を見つけて、勉強のモチベーションにしてくださいね。私も #おでかけ日本語 で検索して、みなさんがこの本で勉強している様子を見にいきます！

　この本を見て「日本語で会話するのが楽しい」と思ってもらえたら、とても幸せです。
　最後に、出版するという私の大きな大きな夢を叶えてくださったのは、YouTubeやPodcastでいつも応援してくれているみなさん、そしてアスク出版さんのおかげです。本当にありがとうございます！

　それでは準備はいいですか？
日本語の会話の旅へようこそ！

2024年7月
あかね的日本語教室
あかね

目次 Contents

はじめに … 2
本書の構成＆使い方 … 6

SCENE 1 ── 飲食店

- **LESSON 1** 電話でレストランを予約する … 16
- **LESSON 2** アレルギーや苦手な食材を伝える … 22
- **LESSON 3** カフェで注文する … 28
- **LESSON 4** テイクアウトの注文をする … 34
- **LESSON 5** お会計をする … 40
- **LESSON 6** 店員さんと雑談をする … 46
- **LESSON 7** 忘れ物の問い合わせをする … 52

SCENE 2 ── 宿泊

- **LESSON 1** 電話でホテルを予約する … 60
- **LESSON 2** チェックインする … 66
- **LESSON 3** ルームサービスをお願いする … 72
- **LESSON 4** 温泉の注意事項を聞く … 78
- **LESSON 5** チェックアウトする … 84
- **LESSON 6** 日本円に両替をする … 90

SCENE 3 ── 交通

- **LESSON 1** 電車のきっぷの買い方を質問する … 98
- **LESSON 2** 駅や電車のアナウンスを聞く … 104
- **LESSON 3** 電車の乗り換えについて質問する … 110
- **LESSON 4** 新幹線で席を探す … 116
- **LESSON 5** 運転手に目的地を伝える … 122
- **LESSON 6** バスの乗り方を質問する … 128

| LESSON 7 | 空港のカウンターで荷物を預ける | ……134 |
| LESSON 8 | 機内のアナウンスを聞く | ……140 |

SCENE 4 ── 買い物

LESSON 1	コンビニで買い物をする	……148
LESSON 2	スーパーで商品を探す	……154
LESSON 3	アパレルショップで試着する	……160
LESSON 4	ポイントカードの説明を聞く	……166
LESSON 5	本屋（書店）で本を買う	……172
LESSON 6	プレゼント用のコスメを買う	……178
LESSON 7	お店からお土産を送る	……184
LESSON 8	持ち帰り用のケーキを買う	……190
LESSON 9	免税店で買い物をする	……196

SCENE 5 ── 趣味・余暇

LESSON 1	水族館でチケットを買う	……204
LESSON 2	動物園内の注意事項を聞く	……210
LESSON 3	旅先でお土産を買う	……216
LESSON 4	カラオケのカウンターで受付をする	……222
LESSON 5	カラオケで電話に出る	……228
LESSON 6	美容院を予約する	……234
LESSON 7	美容院で希望の髪型を伝える	……240

SCENE 6 ── 病院

LESSON 1	歯医者を予約する	……248
LESSON 2	病院で診察を受ける	……254
LESSON 3	処方箋を渡して薬を受け取る	……260

おわりに … 270

本書の構成 & 使い方
Structure and Usage of this Book

◇ 音声

フレーズやミニ解説、会話文、単語、便利な表現、ミニコラム／ワンポイントはすべて音声を聞くことができます。

For all the Phrases, Short explanations of phrases, Dialogues, Words, Useful expressions, and Short columns/One points, you can listen to their audio recordings.

Lesson 1 飲食店
電話でレストランを予約する
Making a restaurant reservation by telephone

基本フレーズ

遠藤さんは電話でレストランを予約します。基本フレーズを確認しましょう。 🔊 1-2

◇ 基本フレーズ

会話にでてくる基本フレーズです。

These are basic phrases that come up in the dialogues.

遠藤
❶ 予約したいんですけど……。
I would like to make a reservation.

話している人の名前や立場が書いてあります。日本人の名前（姓）の読み方も勉強できます。

The name and position of the person speaking is included, so you can also study how to read Japanese names (surnames).

遠藤
❷ 2日の12時から2人でお願いします。
2nd at noon for two please.

遠藤
❸ 個室はありますか？
Do you have a private room?

◇ フレーズのミニ解説

基本フレーズの簡単な解説があります。お客さんが話すことだけでなく、店員さんやスタッフさんが話すことも理解できるようにフレーズを選びました。

Basic phrases come with simple explanations. We have chosen the phrases where you can understand not only what the customers are saying, but also what the store staff is saying.

フレーズのミニ解説 基本フレーズの表現やポイントを確認しましょう。

1 予約したいんですけど……。

予約できるかどうか聞きたいときに使います。「けど……。」に含まれているのは「できますか？」「いいですか？」です。

例 キャンセルしたいんですけど……。

This phrase is used when making a reservation. The nuance contained in "kedo" is "I would like to…?" or "Is it possible to…?".

Example I would like to cancel my reservation.

2 2日の12時から2人でお願いします。

店員さんは「何名様ですか？」と丁寧に聞くことが多いです。答えるときは「1人です」「2人です」「3人です」「4人です」と言います。

Restaurant staff usually ask you the number of people in a polite way, "Nan-mee-sama desu ka?". When you reply to the question, you can say "Hitori desu (one person)," "Futari desu (two people)," "San-nin desu (three people)," or "Yo-nin desu (four people)."

3 Aはありますか？

物があるかどうか聞くときによく使います。席のタイプを聞くときにも使える表現です。カウンター席、個室などいろいろな席があります。

例 テーブル席はありますか？

This phrase is often used to ask if something is available. It can also be used when asking about the type of seats. There are various types of seats, such as counter seats and private rooms.

Example Do you have a table available?

17

◇ 会話文
店員さんやお客さんのリアルな日本語の会話です。日本語のレベルに関係なく、ネイティブスピーカーがどのように話すのかにこだわりました。

These are everyday Japanese conversations between store staff and customers. We focus on how native speakers actually speak, regardless of your Japanese level.

— Japanese —

会話文 基本フレーズに注目しながらレストランの店員さんと遠藤さんの会話を聞いてみましょう。 1-3

店員：お電話ありがとうございます。
　　　さくらレストラン金沢が承ります。
遠藤：あの……すみません、予約したいんですけど……。
店員：お日にちと人数はお決まりですか？
遠藤：5月2日の12時から2人お願いします。
店員：かしこまりました。お席のご希望はございますか？
遠藤：個室はありますか？
店員：はい、ございます。禁煙席ですがよろしいですか？
遠藤：はい。
店員：かしこまりました。
　　　では、お名前とお電話番号お願いいたします。
遠藤：はい、遠藤です。電話番号は010-9988-7766です。
店員：復唱します。010-9988-7766でお間違いないですか？
遠藤：はい。
店員：それでは5月2日12時から2名様でお席ご用意いたします。
遠藤：ありがとうございます。失礼します。

◇ 動画
QRコードを読み取ると、あかね先生と会話の練習ができる動画を見ることができます。

By scanning the QR code, you can watch a video to practice conversations with Akane Sensei.

◇ **翻訳**

本書には、英語の翻訳がついています。わかりにくいところがあったら、英語の翻訳を参考にしてください。

This book includes an English translation. If there are any parts that are difficult to understand, please refer to the English translations.

― English ―

会話文

Restaurant staff:	Thank you for calling. This is Sakura Restaurant. Kanazawa speaking.
Endo:	Well…I would like to make a reservation.
Restaurant staff:	When would you like book and how many people?
Endo:	May 2nd at noon for two please.
Restaurant staff:	Certainly. Do you have any seat preference?
Endo:	Do you have a private room?
Restaurant staff:	Yes, we do. Are non-smoking seats okay?
Endo:	Yes.
Restaurant staff:	Thank you. Then, would you kindly give me your name and phone number?
Endo:	Yes. My name is Endo. My phone number is 010-9988-7766.
Restaurant staff:	Let me repeat your number. 010-9988-7766. Is this correct?
Endo:	Yes.
Restaurant staff:	We have reserved a table for two for you on May 2nd at noon.
Endo:	Thank you very much. Have a nice day.

SCENE 1 飲食店

◇ **単語**
トピックに関係がある単語です。
They are words related to the topic.

単語 イラストを見ながら、レストランの予約で使う単語を練習しましょう。 1-4

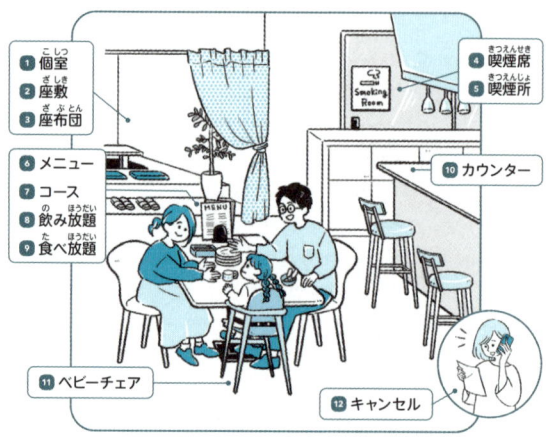

① 個室
② 座敷
③ 座布団
⑥ メニュー
⑦ コース
⑧ 飲み放題
⑨ 食べ放題
④ 喫煙席
⑤ 喫煙所
⑩ カウンター
⑪ ベビーチェア
⑫ キャンセル

① private room	② tatami room	③ Japanese cushion
④ smoking seat	⑤ smoking area	⑥ menu
⑦ course	⑧ all-you-can-drink	⑨ all-you-can-eat
⑩ counter seat	⑪ highchair	⑫ cancel

◇ **ミニクイズ**
学んだフレーズや単語を使ったミニクイズです。答えは問題の右下にあります。
This is a mini quiz using the phrases and words you have already learned. The answers are located at the bottom right corner of each question.

― ミニクイズ ― （　）に入ることばを選んでください。

Q1 キャンセルしたいんです（　　）……。
　❶ ので　❷ けど　❸ から

Q2 禁煙席は（　　）か？
　❶ あります　❷ なります　❸ 畳めます

答え→ Q1 ❷　Q2 ❶

◇ **便利な表現**
トピックに関係がある便利な表現です。
They are useful expressions related to the topic.

便利な表現
Useful Expressions 🔊 1-5

時間を変更したいんですけど……。
I would like to change my reservation time.

コース料理はありますか？
Do you have a course meal?

何時から開いていますか？
What time do you open?

何時まで営業していますか？
What time do you close?

写真付きのメニューはありますか？
Do you have a menu with photos?

テラス席は空いていますか？
Do you have seating on the terrace available?

SCENE 1　飲食店

─── ワンポイント ───

◆ **人数の数え方〈名を使うとき〉**
How to count the number of people 〈when using "mei"〉

1名（いちめい）　2名（にめい）　3名（さんめい）
4名（よんめい）　5名（ごめい）

◇ **ミニコラム／ワンポイント**
トピックに関係があることについて、あかね先生が教えてくれます。
In this section, Akane Sensei will teach you about things related to the topic.

21

◇ もっと便利な表現

各SCENEの最後に、もっと便利な表現をまとめました。
もっとフレーズを勉強したい人におすすめです。

At the end of each SCENE, we included other useful expressions.
This section is recommended for those who want to study more phrases.

もっと 便利な表現
More Useful Expressions

 1-30

お好きな席にどうぞ。
Please take a seat at any table you like.

こちらのQRコードからご注文をお願いいたします。
Please use this QR code to make your order.

ご注文の品は全部おそろいですか?
Did you receive all the dishes you ordered?

空いているお皿をおさげします。
Can I take your empty plates?

子供用のメニューはありますか?
Do you have a kids menu?

取り皿2枚もらえますか?
Can I have two plates?

お箸を1膳ください。
Please give me a set of chopsticks.

コーヒーのおかわりはいかがですか?
Would you like another cup of coffee?

ノンアルコールビールはありますか?
Do you have non-alcoholic beer?

お会計はごいっしょでよろしいですか?
Will you pay the bill together?

別々に会計できますか?
Can we pay separately?

58

おすすめの勉強方法
Recommended study methods

1 まずはフレーズとミニ解説を聞いてください。
そのあと、自分で声を出しながら読んでください。

First, listen to the audio recording of the Phrase and Short explanation. Then, read them out loud to yourself.

2 基本フレーズに注目しながら会話を聞いてください（音声：スピード普通）。
音声（ポーズ有り）を聞きながら、声を出して読んでください。何回か練習したら、動画を見て会話の練習をしてください。

Listen to the audio recording of the Dialogue while paying attention to the basic phrase. (Audio recording - normal speed) Read them out loud while listening to the audio recording (with pauses). Practice it several times, and then watch the video while practicing the conversation.

3 単語と便利な表現を聞いて、いっしょに発音してください。

Listen to the audio recording of Words and Useful expressions while saying them out loud at the same time.

4 最後に、この本を見ないで、音声を全部聞いてみてください。
聞き取れない文章があったら、もう1度本を見て復習しましょう。

Lastly, try listening to the audio recording in its entirety with the book closed. If there are any sentences that are difficult to listen to, go back and review them in the book.

5 1回ではなく、何回も繰り返し聞いたり発音したりしてください。例えば今日LESSON 1を勉強したら、1週間後に本を見ないでLESSON 1の音声だけ聞いてください。聞き取れないフレーズや単語があったら、もう1度復習しましょう。

Don't just listen and say the sentences once. Practice them several times.
For example, if you study LESSON 1 today, wait one week later to listen to the audio recording for LESSON 1 again without opening the book. If there are any phrases or words that are difficult to listen to, review them again with the book.

勉強しても忘れることは当たりまえです！
忘れたらもう1度復習すればいいんです！何回も聞いてください。

It is natural to forget things that you study.
If you forget, just review them again!
Listen to the audio recording several times.

音声のダウンロードはこちらから→
Apple Podcast、Spotifyからも聞くことができます。
The download for the audio is available here.
Compatible with Apple Podcast and Spotify.
https://ask-books.com/jp/978-4-86639-758-0/

SCENE 1

飲食店(いんしょくてん)

飲食店(いんしょくてん)での注文(ちゅうもん)や会計(かいけい)だけではなく、
苦手(にがて)な食材(しょくざい)を伝(つた)える場面(ばめん)や、お店(みせ)の人(ひと)と雑談(ざつだん)する場面(ばめん)もあります。
楽(たの)しく会話(かいわ)ができるようにたくさん練習(れんしゅう)しましょう！

You can learn conversations not only by ordering and paying the bills at a restaurant, but also by talking to restaurant staff and telling them about ingredients that you don't like.
Practice many times so you can learn fun conversations!

RESTAURANT

Lesson 1

飲食店（いんしょくてん）

電話でレストランを予約する

Making a restaurant reservation by telephone

基本フレーズ 遠藤さんは電話でレストランを予約します。
基本フレーズを確認しましょう。 1-2

遠藤

❶ 予約したいんですけど……。
I would like to make a reservation.

遠藤

❷ 2日の12時から2人で お願いします。
2nd at noon for two please.

遠藤

❸ 個室はありますか？
Do you have a private room?

フレーズのミニ解説

基本フレーズの表現やポイントを確認しましょう。

---

1 予約したいんですけど……。

予約できるかどうか聞きたいときに使います。「けど……。」に含まれているのは「できますか？」「いいですか？」です。

例 キャンセルしたいんですけど……。

This phrase is used when making a reservation. The nuance contained in "kedo" is "I would like to...?" or "Is it possible to...?".

Example I would like to cancel my reservation.

---

2 ２日の12時から２人でお願いします。

店員さんは「何名様ですか？」と丁寧に聞くことが多いです。答えるときは「１人です」「２人です」「３人です」「４人です」と言います。

Restaurant staff usually ask you the number of people in a polite way, "Nan-mee-sama desu ka?". When you reply to the question, you can say "Hitori desu (one person)," "Futari desu (two people)," "San-nin desu (three people)," or "Yo-nin desu (four people)."

---

3 Aはありますか？

物があるかどうか聞くときによく使います。席のタイプを聞くときにも使える表現です。カウンター席、個室などいろいろな席があります。

例 テーブル席はありますか？

This phrase is often used to ask if something is available. It can also be used when asking about the type of seats. There are various types of seats, such as counter seats and private rooms.

Example Do you have a table available?

SCENE 1 飲食店

会話文

基本フレーズに注目しながらレストランの店員さんと遠藤さんの会話を聞いてみましょう。 1-3

店員：お電話ありがとうございます。
　　　さくらレストラン金沢が承ります。
遠藤：あの……すみません、予約したいんですけど……。
店員：お日にちと人数はお決まりですか？
遠藤：5月2日の12時から2人でお願いします。
店員：かしこまりました。お席のご希望はございますか？
遠藤：個室はありますか？
店員：はい、ございます。禁煙席ですがよろしいですか？
遠藤：はい。
店員：かしこまりました。
　　　では、お名前とお電話番号お願いいたします。
遠藤：はい、遠藤です。電話番号は010-9988-7766です。
店員：復唱します。010-9988-7766でお間違いないですか？
遠藤：はい。
店員：それでは5月2日12時から2名様でお席ご用意いたします。
遠藤：ありがとうございます。失礼します。

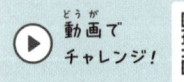
動画でチャレンジ！

Restaurant staff:	Thank you for calling. This is Sakura Restaurant. Kanazawa speaking.
Endo:	Well…I would like to make a reservation.
Restaurant staff:	When would you like book and how many people?
Endo:	May 2nd at noon for two please.
Restaurant staff:	Certainly. Do you have any seat preference?
Endo:	Do you have a private room?
Restaurant staff:	Yes, we do. Are non-smoking seats okay?
Endo:	Yes.
Restaurant staff:	Thank you. Then, would you kindly give me your name and phone number?
Endo:	Yes. My name is Endo. My phone number is 010-9988-7766.
Restaurant staff:	Let me repeat your number. 010-9988-7766. Is this correct?
Endo:	Yes.
Restaurant staff:	We have reserved a table for two for you on May 2nd at noon.
Endo:	Thank you very much. Have a nice day.

単語

イラストを見ながら、レストランの予約で使う単語を練習しましょう。 1-4

1. 個室
2. 座敷
3. 座布団
4. 喫煙席
5. 喫煙所
6. メニュー
7. コース
8. 飲み放題
9. 食べ放題
10. カウンター
11. ベビーチェア
12. キャンセル

❶ private room	❷ tatami room	❸ Japanese cushion
❹ smoking seat	❺ smoking area	❻ menu
❼ course	❽ all-you-can-drink	❾ all-you-can-eat
❿ counter seat	⓫ highchair	⓬ cancel

ミニクイズ （　）に入ることばを選んでください。

Q1 キャンセルしたいんです（　　　）……。
　　❶ ので　❷ けど　❸ から

Q2 禁煙席は（　　　）か？
　　❶ あります　❷ なります　❸ 畳めます

答え → Q1 ❷　Q2 ❶

便利な表現
Useful Expressions

 1-5

時間を変更したいんですけど……。
I would like to change my reservation time.

コース料理はありますか？
Do you have a course meal?

何時から開いていますか？
What time do you open?

何時まで営業していますか？
What time do you close?

写真付きのメニューはありますか？
Do you have a menu with photos?

テラス席は空いていますか？
Do you have seating on the terrace available?

ワンポイント

◆ 人数の数え方〈名を使うとき〉
How to count the number of people 〈when using "mei"〉

1名（いちめい）　2名（にめい）　3名（さんめい）

4名（よんめい）　5名（ごめい）

Lesson 2 飲食店（いんしょくてん）

アレルギーや苦手（にがて）な食材（しょくざい）を伝（つた）える

Telling about allergies and foods you don't like

基本（きほん）フレーズ

佐藤（さとう）さんはアレルギーや苦手（にがて）なものを伝（つた）えます。
基本（きほん）フレーズを確認（かくにん）しましょう。

🔊 1-6

佐藤

① 卵（たまご）は入（はい）っていますか？
Does this dish contain eggs?

佐藤

② 卵抜（たまごぬ）きでお願（ねが）いします。
Can you make this dish without eggs?

佐藤

③ 牛乳（ぎゅうにゅう）を豆乳（とうにゅう）に変更（へんこう）できますか？
Can I have soy milk instead of milk?

フレーズのミニ解説

基本フレーズの表現やポイントを確認しましょう。

1 Aは入っていますか？

食べられないもの（A）が入っているか確認するときに使います。「Aを使ってますか？」という言い方もあります。会話のときは「ています」の「い」を言わずに「てます」と言ったり、「は」や「を」を言わないことも多いです。

例 チーズ使ってますか？

This phrase is used to check if something (A) you cannot eat is in a dish. You can also say, "Do you use 'A'?". And during a conversation, we often say "temasu" without saying the "i" in "teimasu," and often omit "wa" and "o."

Example Do you use cheese to make this dish?

2 A抜きでお願いします。

苦手なもの（A）を入れないでほしいときに使います。「ピクルスを入れないでください」や「ピクルスなしでお願いします」と言うこともできます。すし屋ではわさび抜きのことを「さび抜き」とも言います。

This phrase is used to ask not to use something (A) you don't like in the dish. You can also say, "pikurusu o irenai de kudasai," or "pikurusu nashi de onegai shimasu." At sushi restaurants, you can say "sabinuki" if you don't want "wasabi" in the sushi.

3 AをBに変更できますか？

苦手なもの（A）を別のもの（B）に変えたいときに使います。「AをBに変えられますか？」と言うこともできます。

例 和風ドレッシングをゴマドレッシングに変えられますか？

The phrase is used to change something (A) you don't like to another one (B). You can also say, "'A' o 'B' ni kaerare masuka?".

Example Is it possible to change the Japanese style dressing to sesame dressing?

SCENE 1　飲食店

会話文

基本フレーズに注目しながらレストランの店員さんと佐藤さんの会話を聞いてみましょう。 🔊 1-7

店員：ご注文はお決まりですか？
佐藤：はい。すみません、和風サラダに卵は入っていますか？
店員：はい、卵入りです。
佐藤：卵アレルギーなんです。卵抜きでお願いします。
店員：卵なしですね。かしこまりました。
　　　他にご注文はございますか？
佐藤：あとこのミルクティーなんですけど、
　　　牛乳を豆乳に変更できますか？
店員：はい、できます。
佐藤：じゃあそれでお願いします。
店員：かしこまりました。少々お待ちください。

（数分後）

店員：お待たせいたしました。
　　　和風サラダ卵抜きと豆乳のミルクティーになります。
　　　ご注文の品は、以上でよろしいでしょうか。
佐藤：はい。
店員：お会計の際にこちらの伝票をレジまでお持ちください。

動画でチャレンジ！

Restaurant staff: Are you ready to order?
Sato: Yes. Does the Japanese-style salad contain eggs?
Restaurant staff: Yes, it does.
Sato: I am allergic to eggs. Can I have the Japanese-style salad without eggs?
Restaurant staff: Without eggs. Sure. Would you like anything else?
Sato: For this milk tea, is it possible to replace the milk with soy milk?
Restaurant staff: Yes. We can do that.
Sato: Then, can I have that please?
Restaurant staff: Certainly. I'll be back shortly.

(After a few minutes)

Restaurant staff: Thank you for waiting. Japanese-style salad without eggs and a soy-milk tea. Is that all for your order?
Sato: Yes.
Restaurant staff: Please take this bill to the register when you pay.

単語

イラストを見ながら、アレルギーや苦手な食材を伝えるときに使う単語を練習しましょう。 🔊 1-8

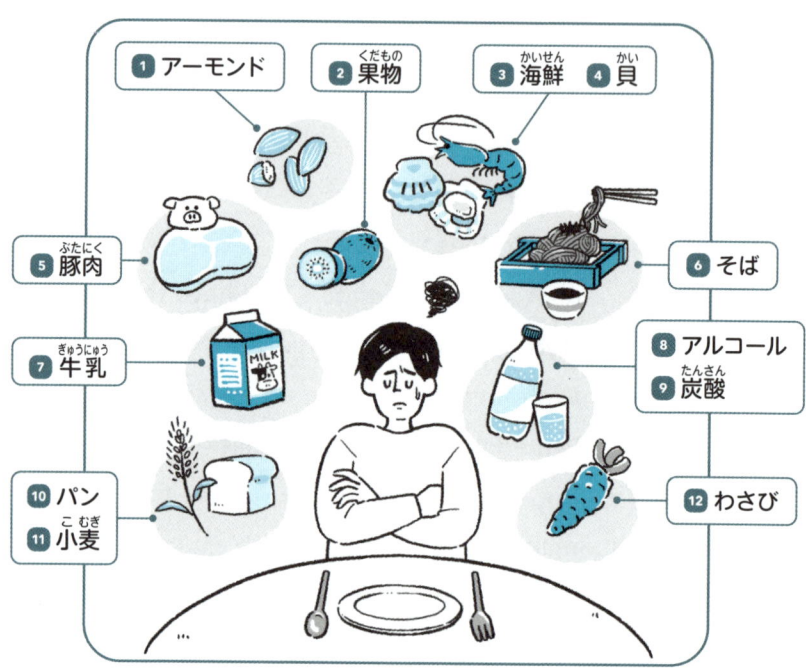

① almond	② fruits	③ seafood
④ shellfish	⑤ pork	⑥ soba
⑦ milk	⑧ alcohol	⑨ soda
⑩ bread	⑪ wheat	⑫ wasabi

ミニクイズ　（　　）に入ることばを選んでください。

Q1 氷（　　　　）お願いします。
　❶ さして　❷ 抜きで　❸ 持って

Q2 牛乳をアーモンドミルクに（　　　　　）できますか？
　❶ 換金　❷ 観光　❸ 変更

答え → Q1 ❷　Q2 ❸

便利な表現
Useful Expressions

🔊 1-9

ハラル（ハラール）フードはありますか？
Do you have halal food?

ベジタリアン用のメニューはありますか？
Do you have any vegetarian dishes?

この魚は生ですか？
Is this fish raw?

甲殻類アレルギーなんです。
I'm allergic to shellfish.

カルパッチョってどんな料理ですか？
What kind of dish is carpaccio?

ドレッシングを別添えにしてもらえますか？
Can I get the dressing separately?

生物がだめなので火を通してもらうことはできますか？
I can't eat raw food, so can I have it cooked?

SCENE 1 飲食店

ミニコラム

日本にもグルテンフリーのパスタやパンが増えています。また、小麦粉のかわりに米粉を使った商品もあります。

Gluten-free pasta and bread are increasingly available in Japan. There are also products made with rice flour instead of wheat flour.

Lesson 3 カフェで注文する

飲食店

Ordering at the café

基本フレーズ

大石さんはカフェで注文します。
基本フレーズを確認しましょう。

🔊 1-10

大石

1 おすすめはありますか？
Do you have any recommendations?

大石

2 食前（食後）で
お願いします。
Before (after) the meal, please.

大石

3 両方お願いします。
I would like both.

フレーズのミニ解説

基本フレーズの表現やポイントを確認しましょう。

1 おすすめはありますか？

店員さんにおすすめを聞くときに使います。「おすすめは何ですか？」「どれが人気ですか？」と聞くこともできます。

This phrase is used to ask the café staff for recommendations. You can also ask "osusume wa nan desuka?" or "dore ga ninki desuka?".

2 食前（食後）でお願いします。

食事といっしょに飲み物を注文すると、「食前と食後、どちらになさいますか？」と聞かれます。食前は食べ物が出てくる前に飲み物を持ってきてくれます。食後は食べたあとに飲み物を持ってきてくれます。

If you order a drink with your meal, you will be asked, "shokuzen to shokugo, dochira ni nasaimasuka?". If you say "shokuzen (before the meal)," the drink is brought to you before your food is served. If you say "shokugo (after the meal)," the drink will be brought to you after you have eaten.

3 両方お願いします。

コーヒーや紅茶を注文すると、砂糖やミルクが必要か聞かれることがあります。砂糖とミルク、どちらもほしいときに使えるフレーズです。ミルクだけほしいときは「ミルクお願いします」や「ミルクだけお願いします」と言います。

When you order coffee or tea, you may be asked if you want sugar or milk. This phrase can be used when you want both sugar and milk. If you just want milk, you can say "miruku onegai shimasu" or "miruku dake onegai shimasu."

SCENE 1 飲食店

会話文

基本フレーズに注目しながらカフェの店員さんと大石さんの会話を聞いてみましょう。

店員：こちらお冷やになります。ご注文はお決まりですか？

大石：すみません、**おすすめはありますか？**

店員：おすすめは、こちらの照り焼きチキンサンドです。

大石：じゃあ、カフェラテと照り焼きチキンサンドでお願いします。

店員：カフェラテはホットでよろしいですか？

大石：アイスでお願いします。

店員：かしこまりました。
　　　お飲み物は食前と食後、どちらにお持ちしますか？

大石：**食後でお願いします。**

店員：ミルクとガムシロップはお使いになりますか？

大石：はい、**両方お願いします。**

店員：かしこまりました。少々お待ちください。

（数分後）

店員：お待たせいたしました。オレンジジュースでございます。

大石：注文していません。

店員：失礼いたしました。

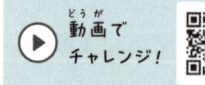

Café staff: Here is your cold water. Are you ready to order?

Oishi: Well, do you have any recommendations?

Café staff: I recommend the teriyaki chicken sandwich.

Oishi: Thanks, then can I have a cafe latte and the teriyaki chicken sandwich, please?

Café staff: Would that be a hot cafe latte?

Oishi: I'd like an iced café latte, please.

Café staff: Ok. Would you like the drink before or after your meal?

Oishi: After the meal, please.

Café staff: Would you like milk and sugar syrup with it?

Oishi: Yes, both please.

Café staff: Certainly. I'll be back shortly.

(After a few minutes)

Café staff: Thank you for waiting. Here is your orange juice.

Oishi: I didn't order this.

Café staff: I'm terribly sorry.

単語

イラストを見ながら、飲み物を注文するときに使う単語を練習しましょう。 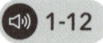 1-12

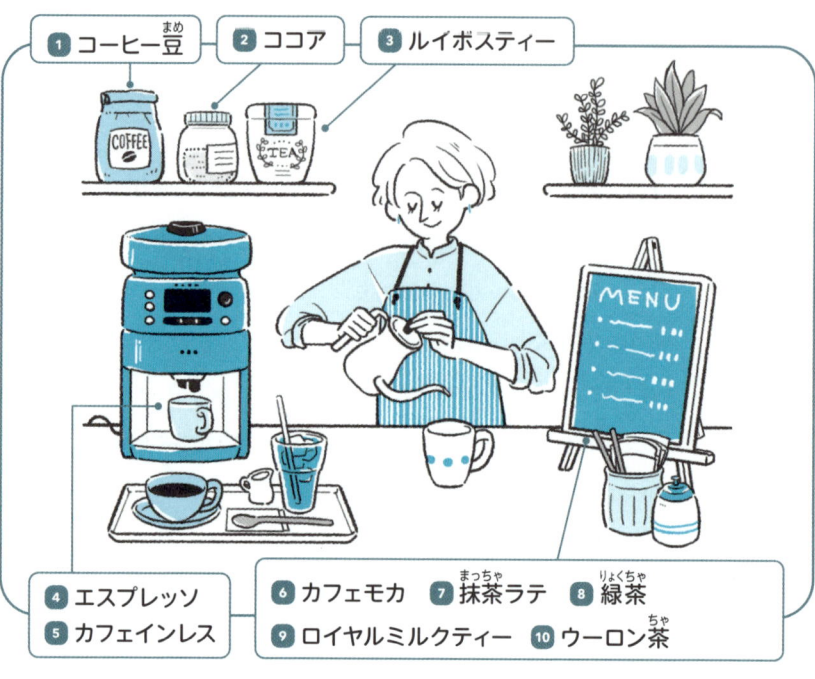

1. コーヒー豆
2. ココア
3. ルイボスティー
4. エスプレッソ
5. カフェインレス
6. カフェモカ
7. 抹茶ラテ
8. 緑茶
9. ロイヤルミルクティー
10. ウーロン茶

---

1. coffee bean
2. cocoa
3. rooibos tea
4. espresso
5. caffeine-free
6. café mocha
7. matcha latte
8. green tea
9. royal milk tea
10. oolong tea

ミニクイズ （　）に入ることばを選んでください。

Q1 緑茶とココア、（　　　）ホットでお願いします。
① 両面　② 両方　③ 両側

Q2 ウーロン茶は（　　　）お願いします。
① 食後で　② 食事が　③ 食品の

答え → Q1 ②　Q2 ①

便利な表現
Useful Expressions

 1-13

店内ご利用ですか？
Will you be eating here?

マグカップの提供でよろしいですか？
Can I serve it in a mug?

氷なしでお願いします。
With no ice please.

お飲み物のサイズはお決まりですか？
Have you decided on the size of your beverage?

サイズはいかがなさいますか？
What size would you like?

お作りするのに10分ほどお時間かかりますが、よろしいですか？
We need about 10 minutes to make it. Is that ok?

注文したものがまだ来ていません。
My order hasn't arrived yet.

ミニコラム

飲食店で出てくる「お冷や」というのは「冷たい水」のことで、ほとんどの店が無料で提供しています。温かいお茶を提供しているお店もあります。

"Ohiya" that is served at restaurants/café means "cold water." Most restaurants provide it for free. Some restaurants also provide hot tea.

SCENE 1 飲食店

Lesson 4

飲食店(いんしょくてん)

テイクアウトの注文(ちゅうもん)をする
Take-out order

基本(きほん)フレーズ

渡辺(わたなべ)さんはテイクアウトの注文(ちゅうもん)をします。誰(だれ)が話(はな)しているかに注目(ちゅうもく)しながら、基本(きほん)フレーズを確認(かくにん)しましょう。

🔊 1-14

店員(てんいん)

1 店内(てんない)で召(め)し上(あ)がりますか？
Will you be eating in?

店員

2 お飲(の)み物(もの)はいかがなさいますか？
Would you like something to drink?

渡辺(わたなべ)

3 いくらですか？
How much is it?

フレーズのミニ解説

基本フレーズの表現やポイントを確認しましょう。

1 店内で召し上がりますか？

召し上がるは「食べる」の尊敬語です。店員さんがお客さんに対して「店内で食べますか？」と聞くときに使います。

"Meshiagaru" is an honorific language for "taberu." It is used to ask a guest, "Would you be eating in the restaurant?".

2 Aはいかがなさいますか？

「Aはどうしますか？」という意味です。丁寧な表現なので、自分よりも目上の人やお客さんに対してよく使います。

例 デザートはいかがなさいますか？

It means "Would you like 'A'?" This is a polite expression often used with people who are more superior than yourself or with guests.

Example Would you like dessert?

3 いくらですか？

値段を聞くときに使います。消費税が含まれた値段を聞きたいときは「税込みいくらですか？」と聞きます。消費税が含まれていないことを「税抜き」と言います。

This phrase is used when asking about the price. If you want to ask if the price includes the consumption tax, you can say, "zei-komi ikura desuka?" If no consumption tax is included, it is called "zei-nuki."

SCENE 1 飲食店

 基本フレーズに注目しながらファストフードの店員さんと渡辺さんの会話を聞いてみましょう。

店員：いらっしゃいませ。店内で召し上がりますか？

渡辺：テイクアウトしたいんですけど……。

店員：かしこまりました。ご注文はお決まりですか？

渡辺：はい。この和牛バーガーのセットで。

店員：お飲み物はいかがなさいますか？

渡辺：オレンジジュースでお願いします。
あと、単品でコーンスープ１つ。

店員：かしこまりました。
スプーンや袋は有料になりますが、いかがなさいますか？

渡辺：いくらですか？

店員：それぞれ３円になります。

渡辺：じゃあ、スプーンを１本と袋１枚、お願いします。

店員：お手拭きは何枚おつけしますか？

渡辺：２枚で。

店員：かしこまりました。こちらの番号札をお持ちください。
ご用意できましたら、こちらの番号をお呼びいたします。

渡辺：わかりました。

Restaurant staff:	Welcome! Will you be eating in?
Watanabe:	Take out.
Restaurant staff:	Sure. Are you ready to order?
Watanabe:	Yes. Can I have this Wagyu burger set, please?
Restaurant staff:	Would you like something to drink?
Watanabe:	Orange juice, please. Also, I would like a side order of corn soup.
Restaurant staff:	Certainly. We charge for spoons and bags, but do you need them?
Watanabe:	How much are they?
Restaurant staff:	3 yen each.
Watanabe:	Then, one spoon and one bag, please.
Restaurant staff:	How many wet wipes do you need?
Watanabe:	Two, please.
Restaurant staff:	Sure. Please keep this number with you. We will call your number when your order is ready.
Watanabe:	Ok.

単語

イラストを見ながら、洋食店で使う単語を練習しましょう。

- ❶ ketchup
- ❷ mustard
- ❸ hamburger
- ❹ fork
- ❺ spoon
- ❻ knife
- ❼ side menu
- ❽ consommé soup
- ❾ fried chicken
- ❿ dessert
- ⓫ french fries
- ⓬ single item

ミニクイズ　（　　）に入ることばを選んでください。

Q1 ハンバーガーはこちらで（　　　　）か？
　　❶ 参ります　❷ 伺います　❸ お召し上がりです

Q2 デザートは（　　　　）なさいますか？
　　❶ いくら　❷ 何の　❸ いかが

答え → Q1 ❸　Q2 ❸

便利な表現
Useful Expressions  1-17

テイクアウト（持ち帰り）できますか？
Can I order take out (get something to go)?

ポテトのサイズは変更できますか？
Can I change the size of the fries?

ストローを2本ください。
Two straws, please.

温かいのと冷たいのと袋を分けてもらえますか？
Could you please put the hot and cold items in separate bags?

ビニールじゃなくて紙袋はありますか？
Instead of a plastic bag, do you have a paper bag?

ごいっしょにコーンスープはいかがですか？
Would you like corn soup with that?

どのくらいで出来上がりますか？
How long will it take?

ワンポイント

テイクアウトのことを「持ち帰り」とも言います。店員さんに「お持ち帰りですか？」と聞かれることもあります。
Take-out is also called "mochikaeri." The staff may ask, "o-mochikaeri desuka?".

Lesson 5 飲食店

お会計をする
Paying the bill

基本フレーズ

鈴木さんはお会計をします。誰が話しているかに注目しながら、基本フレーズを確認しましょう。

🔊 1-18

鈴木

1 お会計お願いします。
The bill, please.

鈴木

2 クレジットカードは使えますか？
Can I pay by credit card?

3 タッチか差し込みをお願いします。
Please insert or touch your card.

店員

フレーズのミニ解説

基本フレーズの表現やポイントを確認しましょう。

1 お会計お願いします。

お会計をする場所は、お店によって違います。レジで会計するときと、店員さんがテーブルでしてくれるときがあります。どちらかわからないときは「お会計はどこですればいいですか？」や「レジはどこですか？」と聞いてみてください。

The location to pay the bill depends on the restaurant. There are two types of locations to pay: at the cash register or at the table. If you are not sure, say "okaikei wa dokode sureba ii desu ka?" or "reji wa doko desu ka?"

2 Aは使えますか？

カードなどが使えるかどうか聞くときに使います。ときどきクレジットカードやICカードが使えないお店もあります。日本で旅行するときは、必ず現金（日本円）を持っていくことをおすすめします。

You can use this phrase when asking if you can use a credit card or other payment. Some restaurants do not accept credit cards or IC cards. When traveling in Japan, we recommend that you always bring some cash (Japanese yen).

3 タッチか差し込みをお願いします。

タッチ決済ができるクレジットカードが増えています。差し込みの場合は暗証番号を入力することもあります。

いたします ▶ p.141 の **1** を参照

The number of credit cards that can be used for touch payments is increasing. For insertions, there are the cases you need to enter a PIN.
Itashimasu ▶ See page 141, **1**

SCENE 1 飲食店

会話文

基本フレーズに注目しながら居酒屋の店員さんと鈴木さんの会話を聞いてみましょう。

 1-19

鈴木：すみません、**お会計お願いします。**

店員：かしこまりました。こちらの伝票をレジまでお持ちください。

レジで会計する

鈴木：ごちそうさまでした。

店員：ありがとうございます。
　　　お会計が5,980円になります。

鈴木：**クレジットカードは使えますか？**

店員：はい、ご利用いただけます。
　　　タッチか差し込みをお願いいたします。

鈴木：じゃあタッチで。

店員：ありがとうございます。
　　　レシートとクレジットカードのお客様控えでございます。

English

Suzuki:	Excuse me. The bill, please.
Restaurant staff:	Certainly. Please take this bill to the register.

Paying the bill at the register

Suzuki:	Thank you very much for the meal.
Restaurant staff:	Thank you.
	Your total is 5,980 yen.
Suzuki:	Can I use a credit card?
Restaurant staff:	Yes, you can.
	Insert or touch your card, please.
Suzuki:	I will touch.
Restaurant staff:	Thank you. Here is your receipt and customer's copy of the credit card.

単語

イラストを見ながら、居酒屋での注文や会計で使う単語を練習しましょう。

 1-20

1. 生ビール
2. 日本酒
3. 梅酒
4. レモンサワー
5. 刺身の盛り合わせ
6. おしぼり
7. 漬け物
8. からあげ
9. だしまき卵
10. Apple Pay（アップルペイ）
11. Suica（スイカ）

---

1. draft beer
2. sake
3. plum wine
4. lemon sour cocktail
5. plate of assorted sashimi
6. wet towel
7. Japanese pickles
8. Japanese fried chicken
9. rolled dashi omelet
10. Apple Pay
11. Suica

ミニクイズ　（　　）に入ることばを選んでください。

Q1 お（　　　　）お願いします。
① 払う　② 会計　③ 会員

Q2 現金は（　　　　）か？
① 使えます　② 伺えます　③ 申し上げます

答え→ Q1 ❷　Q2 ❶

便利な表現
Useful Expressions

 1-21

伝票（を）もらえますか？／伝票（を）いただけますか？

Can I get the bill? / Can I receive the bill, please?

現金のみとなっております。

We only accept cash.

現金がないので、ATMで下ろしてきてもいいですか？

I have no cash, so can I withdraw money from an ATM?

ICカードの残高が不足しています。

The IC card doesn't have enough money.

おつりが間違っていると思うんですけど……。

I think you gave me the incorrect change.

レシートはご入用ですか？

Would you like a receipt?

── ミニコラム ──

日本にはいろいろなICカードがあります。例えばSuicaのような交通系ICカードは飲食店をはじめ、いろいろなお店で使えます。

There are many types of IC cards in Japan. The prepaid transportation IC cards, such as Suica, can be used at many stores including restaurants.

Lesson 6 飲食店

店員さんと雑談をする
Having a chat with staff

基本フレーズ

ロバートさんは店員さんと雑談しています。基本フレーズを確認しましょう。

🔊 1-22

ロバート

① アメリカのカリフォルニアから来ました。
I am from California, USA.

ロバート

② 3週間くらいです。
For about three weeks.

ロバート

③ 2回行ったことがあります。
I have been there twice.

フレーズのミニ解説

基本フレーズの表現やポイントを確認しましょう。

1　Aから来ました。

Aには場所の名前が入ります。「お住まいはどちらですか？」と聞かれることもあります。そのときは「Aに住んでいます」と言います。

> **例**　イギリスに住んでいます。

"A" is the name of the place. You may be asked "osumai wa dochira desuka?". When answering the question, you can say "'A' ni sunde imasu."

Example　I live in the UK.

2　3週間くらい（ぐらい）です。

旅行や留学の期間を質問されて、具体的な日数がわからないときに「くらい（ぐらい）」や「だいたい」を使います。

> **例**　半年くらいです。／だいたい1年です。

When asked how long you will be traveling or studying in Japan and you don't know the specific number of days, you can use "kurai (gurai)" and "daitai."

Example　For about half a year. / For approximately one year.

3　2回行ったことがあります。

「動詞た形＋ことがある」で経験を表します。1回・2回・3回・4回・5回・6回…というふうに数えます。

> **例**　富士山に2回登ったことがあります。

You can talk about your experience by using "–ta form of verbs + koto ga aru." Count like "ik-kai, ni-kai, san-kai, yon-kai, go-kai, rok-kai."

Example　I have climbed Mt. Fuji twice.

会話文

基本フレーズに注目しながらカフェの店員さんとロバートさんの会話を聞いてみましょう。 🔊 1-23

店員： どちらからいらっしゃったんですか？

ロバート：アメリカのカリフォルニアから来ました。

店員： ご旅行ですか？

ロバート：はい、そうです。

店員： 日本にはどのくらい滞在されるんですか？

ロバート：3週間くらいです。明日から北海道に行きます。

店員： 北海道ですか〜。いいですね！
日本語はどのくらい勉強しているんですか？

ロバート：3年くらいです。大学で勉強しました。
卒業してからはYouTubeで勉強しています。

店員： すごいですね。北海道には初めて行くんですか？

ロバート：いえ、2回行ったことがあるので、今回で3回目です。

店員： 北海道は何回行っても楽しめる場所ですよね。
今回の旅行も楽しんでください。

ロバート：ありがとうございます！

Café staff: Where are you from?

Robert: I'm from California, USA.

Café staff: Are you visiting?

Robert: Yes.

Café staff: How long will you be staying in Japan?

Robert: For about three weeks. I will go to Hokkaido from tomorrow.

Café staff: Hokkaido! Sounds good. How long have you been studying Japanese?

Robert: For about three years. I studied in the College. After the graduation, I keep studying by watching YouTube.

Café staff: That's great. Is it your first time to go to Hokkaido?

Robert: No, I have been there twice, so this trip is the third.

Café staff: Hokkaido is a place where you can enjoy no matter how many times you go there. Enjoy this trip as well.

Robert: Thank you!

単語

イラストを見ながら、国の名前を練習しましょう。 🔊 1-24

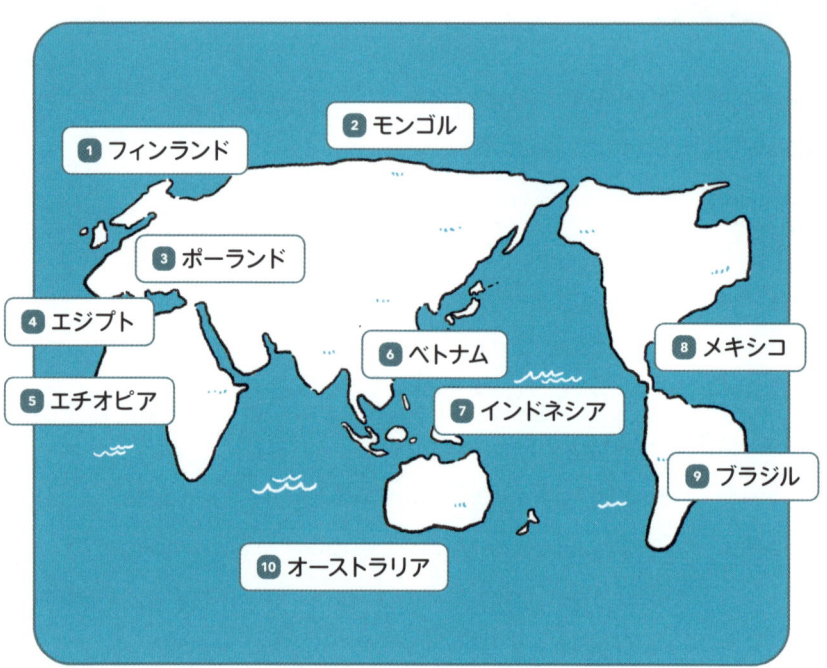

1. フィンランド
2. モンゴル
3. ポーランド
4. エジプト
5. エチオピア
6. ベトナム
7. インドネシア
8. メキシコ
9. ブラジル
10. オーストラリア

1. Finland
2. Mongolia
3. Poland
4. Egypt
5. Ethiopia
6. Vietnam
7. Indonesia
8. Mexico
9. Brazil
10. Australia

ミニクイズ （　　）に入ることばを選んでください。

Q1 韓国（　　）来ました。
　① ので　　② さえ　　③ から

Q2 スペインに5回（　　）があります。
　① 行ってこと　② 行くのこと　③ 行ったこと

答え → Q1 ③　Q2 ③

便利な表現
Useful Expressions 🔊 1-25

独学で試験に合格しました。
I passed the exam by self-studying.

大学で日本語を専攻しています。
I major in Japanese at college.

日系企業で働いています。
I work for a Japanese company.

家族が日本に住んでいます。
My family lives in Japan.

いつか留学したいです。
I want to study abroad someday.

次は沖縄に行ってみたいです。
I want to visit Okinawa next.

ワンポイント

「〜ています」は、会話ではよく「〜てます」と言います。

例 今、洗濯しています。→ 今、洗濯してます。

"~ temasu" is often used in the conversation instead of "~ teimasu."

Example I'm doing laundry now.

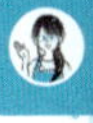

Lesson 7

飲食店

忘れ物の問い合わせをする

Inquiry about the lost items

基本フレーズ

神田さんは忘れ物の問い合わせをします。
基本フレーズを確認しましょう。

 1-26

神田

❶ スマホを忘れたみたいなんです。
I think I left my smartphone.

神田

❷ 30分前にお店を出ました。
I left the store thirty minutes ago.

神田

❸ ケースの色は青です。
The color of the case is blue.

フレーズのミニ解説

基本フレーズの表現やポイントを確認しましょう。

1 Aを忘れたみたいなんです。

Aには忘れたものの名前が入ります。どこにあるかわからないときは、「なくす」や「落とす」を使います。また、「みたい」を使って、「たぶん～だと思う」という推測を表すことができます。

例 パスポートをどこかに落としたみたいです。

"A" is the name of the lost item. If you don't know where it is, you use the verbs: "nakusu" and "otosu." And you can use "mitai" to express a guess, "I think it's probably…".

Example I think I dropped my passport somewhere.

2 30分前にお店を出ました。

いつお店を出たのか、時間を伝えるときの助詞は「に」を使います。

例 8:00に朝ごはんを食べました。／2時間前に帰りました。

When you want to tell what time you left the store, use the postpositional particle "ni."

Example I had breakfast at 8:00. / I got back two hours ago.

3 ケースの色は青です。

「青」「青色」は名詞です。「青い」は、い形容詞です。「青いケースです」と言うこともできます。

例 何色の服が好きですか？　黒い服が好きです。

"Ao" or "ao-iro" is a noun. "Aoi" is the i-Adj. You can also say "aoi keesu desu."

Example What color of clothes do you like?　I like black clothes.

SCENE 1　飲食店

会話文

基本フレーズに注目しながら居酒屋の店員さんと神田さんの会話を聞いてみましょう。 🔊 1-27

神田：すみません、お店にスマホを忘れたみたいなんですけど……。どこかに置いてありませんでしたか？

店員：いつご来店されましたか？

神田：今日です。30分前にお店を出ました。

店員：お名前、伺ってもよろしいですか？

神田：神田です。

店員：神田様ですね。スマホのケースは何色ですか？

神田：ケースの色は青です。iPhoneです。

店員：確認しますので少々お待ちください。

　　　もしかして、これですか？

神田：それです！見つかってよかった！本当にありがとうございます。

Kanda:	Excuse me, I think I left my smartphone at this store.
	Have you seen it anywhere?
Restaurant staff:	When did you visit here?
Kanda:	Today. I left the store thirty minutes ago.
Restaurant staff:	May I ask your name?
Kanda:	My name is Kanda.
Restaurant staff:	Ok, Mr./Ms. Kanda. What color is the smartphone case?
Kanda:	The color of the case is blue. It is an iPhone.
Restaurant staff:	I will check, so please wait a moment.
	Maybe this is it?
Kanda:	Exactly! I'm so glad you found it! Thank you very much.

単語

イラストを見ながら、忘れ物を伝えるときに使う単語を練習しましょう。 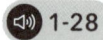 1-28

1. 財布
2. パスポート
3. 在留カード
4. 学生証
5. キャッシュカード
6. お金
7. 鍵
8. ハンカチ
9. かさ

- 1 wallet
- 2 passport
- 3 residence card
- 4 student identification card
- 5 cash card
- 6 money
- 7 key
- 8 handkerchief
- 9 umbrella

― ミニクイズ ― （　）に入ることばを選んでください。

Q1 財布を（　　　）みたいなんです。
1. 忘れた　2. 割った　3. 飲んだ

Q2 ケースの（　　　）は赤です。
1. 色　2. 形　3. サイズ

答え → Q1 ❶　Q2 ❶

便利な表現
Useful Expressions 🔊 1-29

忘れ物はどこに問い合わせればいいですか？
Where should I inquire about my lost item?

郵送してもらえますか？
Can you mail it to me?

明日取りに行きます。
I will pick it up tomorrow.

金庫の中にパスポートが入っていると思います。
I think my passport is in the safe.

めがねを探してもらえませんか？
Can you help me find my glasses?

クレジットカードの忘れ物がないか、確認してもらえませんか？
Could you please check if any forgotten credit cards have been found?

SCENE 1 飲食店

――― ミニコラム ―――

忘れ物が見つからなかったら交番に行きましょう。「〇〇駅　交番」とネットで調べると場所がわかります。交番で「パスポートをなくしました」と伝えると、手続きをしてくれます。

If you cannot find your lost item, go to the police box. You can find the police box by searching the internet with the key words of "xx station, xx police box." If you tell the police officer "pasupooto o nakushi mashita" at the police box, he/she will take the necessary procedures.

もっと 便利な表現
More Useful Expressions

🔊 1-30

お好きな席にどうぞ。
Please take a seat at any table you like.

こちらのQRコードからご注文をお願いいたします。
Please use this QR code to make your order.

ご注文の品は全部おそろいですか？
Did you receive all the dishes you ordered?

空いているお皿をおさげします。
Can I take your empty plates?

子供用のメニューはありますか？
Do you have a kids menu?

取り皿2枚もらえますか？
Can I have two plates?

お箸を1膳ください。
Please give me a set of chopsticks.

コーヒーのおかわりはいかがですか？
Would you like another cup of coffee?

ノンアルコールビールはありますか？
Do you have non-alcoholic beer?

お会計はごいっしょでよろしいですか？
Will you pay the bill together?

別々に会計できますか？
Can we pay separately?

SCENE 2

宿泊(しゅくはく)

ホテルの予約(よやく)をはじめ、チェックインやチェックアウト、
ルームサービスを頼(たの)むときの場面(ばめん)もあります。
ホテルで使(つか)う単語(たんご)もたくさんあるので、
いっしょに発音(はつおん)しながら練習(れんしゅう)しましょう！

You can learn conversations at a hotel when checking-in, checking-out, and ordering a room service, as well as when making a hotel reservation. Many words that are used in a hotel are included, so practice saying them along with the audio recording!

HOTEL

Lesson 1
宿泊
電話でホテルを予約する
Making a hotel reservation by telephone

基本フレーズ

石川さんは電話でホテルを予約します。
基本フレーズを確認しましょう。

 2-1

石川

1 シングルルームを2部屋お願いします。
I'd like to reserve two single rooms.

石川

2 2泊したいです。
I'd like to stay for two nights.

石川

3 空いていますか？
Do you have any rooms available?

フレーズのミニ解説

基本フレーズの表現やポイントを確認しましょう。

1 シングルルームを2部屋お願いします。

部屋の種類：「シングルルーム」は1人用のベッドが1台ある部屋です。「ツインルーム」はベッドが2台あって、2人で泊まる部屋です。「ダブルルーム」は2人用のベッドが1台ある部屋です。

〈Type of the room〉
"Shinguru ruumu (single room)" is 1 bed for 1 person. "Tsuin ruumu (twin room)" is two beds for 2 persons. "Daburu ruumu (double room)" is one bed for 2 persons.

2 2泊したいです。

「2泊」というのは2泊3日のことです。例えば、1月1日にチェックインして、1月3日にチェックアウトするのが2泊3日です。

"Ni-haku (two nights)" means three days and two nights. For example, if you check in on January 1st, you should check out on January 3rd to stay two night.

3 空いていますか？

「空いていますか？」はホテルだけでなく、飲食店で予約できるかどうか聞くときにも使えます。「空室はありますか？」はホテルの部屋を予約したいときに使えます。

The phrase "Aite imasu ka?" can be used when you make reservations, not only for the hotels but also for the restaurants. "Kuushitsu wa arimasu ka?" can be used when you want to make a hotel room reservation.

会話文

基本フレーズに注目しながらホテルの
スタッフさんと石川さんの会話を聞いてみましょう。 🔊 2-2

石川：　　もしもし、予約したいんですけど……。

スタッフ：かしこまりました。お日にちはお決まりですか？

石川：　　あの……今日泊まれますか？

スタッフ：本日ですね。お部屋のご希望はございますか？

石川：　　シングルルームを2部屋お願いします。

スタッフ：1泊でよろしいですか？

石川：　　できれば2泊したいんですけど、空いていますか？

スタッフ：申し訳ありません。明日＊は満室でして……

石川：　　じゃあ、1泊でお願いします。

スタッフ：かしこまりました。
　　　　　それでは、ご予約者様のお名前よろしいですか？

石川：　　石川です。あの……朝食付きのプランですか？

スタッフ：朝食付きのプランですと、お一人様につきプラス1200円
　　　　　の追加料金がかかりますが、よろしいですか？

石川：　　はい、大丈夫です。

スタッフ：では本日のご来館、お待ちしております。

＊明日は明日とも言う

会話文

Ishikawa: Hello, I'd like to make a reservation.

Hotel staff: Certainly. What date would you like to make the reservation for?

Ishikawa: Well, is it possible to stay for today?

Hotel staff: Let's see for today. Do you have any room preferences?

Ishikawa: I'd like two single rooms.

Hotel staff: Is it for one night?

Ishikawa: If it is possible, we would like to stay for two nights. Do you have any rooms available?

Hotel staff: Sorry, but we don't have any available rooms tomorrow.

Ishikawa: Then, could I reserve for one night?

Hotel staff: Certainly.

Then, what name should I put the reservation under?

Ishikawa: Ishikawa. Um…is it a breakfast-included plan?

Hotel staff: For the plan with breakfast, you need to pay an additional fee of 1,200 yen for each person. Is that ok?

Ishikawa: Sure, it's ok.

Hotel staff: We look forward to your stay today.

＊ "Ashita" is often called "Asu" also in Japanese

単語

イラストを見ながら、ホテルの予約で使う単語を練習しましょう。 🔊 2-3

1. 禁煙ルーム
2. 喫煙ルーム
3. シングルルーム
4. ダブルルーム
5. ツインルーム
6. 和室
7. 洋室
8. ビジネスホテル
9. 旅館
10. 露天風呂
11. 朝食付きプラン
12. 素泊まり

---

1 no-smoking room　2 smoking room　3 single room
4 double room　5 twin room　6 Japanese-style room
7 Western-style room　8 business hotel　9 traditional Japanese inn
10 open-air bath　11 breakfast-included plan　12 stay without meals

---

ミニクイズ　( )に入ることばを選んでください。

Q1 シングルルームを（　　　）お願いします。
　① 1棟　② 1部屋　③ 1階

Q2 露天風呂付きの部屋は（　　　）か？
　① 泊めます　② 空いてます　③ 開けます

答え → Q1 ②　Q2 ②

便利な表現
Useful Expressions 2-4

1泊いくらですか？
How much is it for one night?

ホテルから1番近い駅はどこですか？
Where is the nearest station from the hotel?

最寄りの駅からバスが出ていますか？
Is there a bus that leaves from the nearest station?

駅からホテルまでタクシーでどのくらいかかりますか？
How long does it take from the station to the hotel by taxi?

禁煙の部屋はありますか？
Do you have a non-smoking room?

海が見える部屋はありますか？
Do you have an ocean view room?

キャンセルできますか？
Can I cancel my reservation?

ワンポイント

◆ 泊数の数え方　How to count nights

1泊2日（いっぱくふつか）　　2泊3日（にはくみっか）
3泊4日（さんぱくよっか）　　4泊5日（よんはく／ぱくいつか）
5泊6日（ごはくむいか）

SCENE 2　宿泊

Lesson 2 チェックインする

宿泊

Check-in at a hotel

基本フレーズ

北村さんはホテルにチェックインします。
基本フレーズを確認しましょう。

 2-5

北村

① **チェックアウトは何時ですか？**
What time is check-out?

北村

② **この近くにコンビニはありますか？**
Is there a convenience store near here?

北村

③ **Wi-Fiは有料ですか？**
Do you charge for Wi-Fi here?

フレーズのミニ解説

基本フレーズの表現やポイントを確認しましょう。

1　Aは何時ですか？

日本では午後1時を13時、午後8時を20時というように24時間制を使うことが多いです。何かが始まる時間を聞くときは「Aは何時からですか？」と聞きます。

例 営業時間は何時からですか？

In Japan, the 24-hour system is often used, such as 1:00 in the afternoon to 13:00 and 8:00 to 20:00. When you ask the start time, say "'A' wa nan-ji kara desuka?".

Example What time do you open?

2　この近くにAはありますか？

近くにお店や観光地があるか聞きたいときに使えるフレーズです。

例 ホテルの近くにスーパーはありますか？

It is a phrase that you can use when asking if there are stores or tourist spots nearby.

Example Is there a supermarket near the hotel?

3　Aは有料ですか？

有料は「お金がかかる」という意味です。利用したいものやサービスにお金がかかるかどうか知りたいときに使うフレーズです。お金がかからないことを「無料」や「タダ」と言います。

"Yuuryoo" means costing money. It is a phrase that you can use when you want to know if the service or the like to be used cost money. If it doesn't cost money, you can say "muryoo" and "tada."

SCENE 2　宿泊

基本フレーズに注目しながらホテルの
スタッフさんと北村さんの会話を聞いてみましょう。

スタッフ：本日ご宿泊でございますか？
北村：　　はい。予約した北村です。
スタッフ：北村様、お待ちしておりました。
　　　　　こちらにご住所とお名前、お電話番号をご記入ください。
北村：　　はい。
スタッフ：ありがとうございます。本日のお部屋は302号室でございます。こちらがルームキーでございます。
　　　　　ごゆっくりお過ごしください。
北村：　　すみません、チェックアウトは何時ですか？
スタッフ：午前11時でございます。
北村：　　わかりました。この近くにコンビニはありますか？
スタッフ：はい。この道をまっすぐ行って1つ目の信号の右側にございます。
北村：　　ありがとうございます。
　　　　　あと、あの……Wi-Fiは有料ですか？
スタッフ：ご宿泊のお客様は無料でお使いいただけます。
北村：　　わかりました。ありがとうございます。

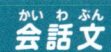

Hotel staff: Are you staying at the hotel today?
Kitamura: Yes. I made a reservation under Kitamura.
Hotel staff: Mr./Ms. Kitamura, we were expecting you.
Could you fill out this form with your address, name, and phone number, please?
Kitamura: Sure.
Hotel staff: Thank you very much. You are in room 302 today.
This is your room key.
Please enjoy your stay.
Kitamura: Excuse me, what time is check-out?
Hotel staff: It's 11:00.
Kitamura: Ok. Is there a convenience store near here?
Hotel staff: Yes. Go straight down this road and it will be on your right side at the first light.
Kitamura: Thank you.
And uh…do you charge for Wi-Fi here?
Hotel staff: Overnight guests can use it for free.
Kitamura: Ok. Thank you.

単語

イラストを見ながら、ホテルで使う単語を練習しましょう。 🔊 2-7

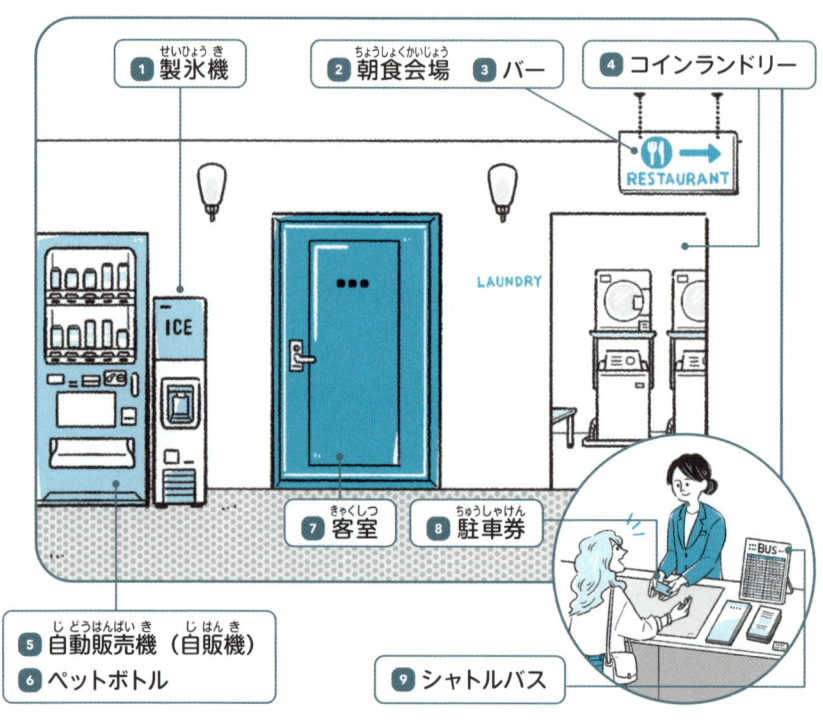

❶ 製氷機　❷ 朝食会場　❸ バー　❹ コインランドリー　❺ 自動販売機（自販機）　❻ ペットボトル　❼ 客室　❽ 駐車券　❾ シャトルバス

❶ ice-making machine	❷ breakfast venue	❸ bar
❹ laundromat	❺ vending machine	❻ plastic bottle
❼ guest room	❽ parking pass	❾ shuttle bus

ミニクイズ　（　）に入ることばを選んでください。

Q1 この（　　）両替ができる銀行はありますか？
　❶ 離れるに　❷ 多くに　❸ 近くに

Q2 ペットボトルの水は（　　）ですか？
　❶ 有料　❷ 料金　❸ 価格

答え → Q1 ❸　Q2 ❶

便利な表現
Useful Expressions

 2-8

ランドリーサービスはありますか？
Is there any laundry service available?

両替はできますか？
Can I do currency exchange?

ダブルルームからツインルームに変更できますか？
Can I request a room change, from a double room to a twin room, please?

チェックインの時間が遅くなりそうです。
I think I will check in late.

何時からチェックインできますか？
From what time can I check in?

朝食はついていますか？
Is breakfast also included with our stay?

ミニコラム

日本にはチップの習慣がほとんどありません。「サービス料」が含まれている場合が多いからです。高級な旅館やホテルではチップを渡す人もいますが、断られることもあります。

Tipping is not customary in Japan. This is because a "service charge" is usually included. Some people tip at luxury inns and hotels, but it is sometimes refused.

Lesson 3 ルームサービスをお願いする

宿泊

Asking for a room service

基本フレーズ

工藤さんはルームサービスをお願いしています。
基本フレーズを確認しましょう。

🔊 2-9

工藤

① 506号室の工藤です。
It's room 506, and my name is Kudo.

工藤

② 部屋付けにしてください。
Can you charge it to my room?

工藤

③ 食事を持ってきてもらえますか？
Can you bring the meal to my room?

フレーズのミニ解説

基本フレーズの表現やポイントを確認しましょう。

1　506号室の工藤です。

部屋の番号を伝えるときは、0を「まる」と読む人が多いです。「ゼロ」と言うこともできますし、号室を言わないで数字だけでもいいです。

例　203の工藤です。

When telling your room number to someone, the number "0" is often read as "maru." You can also say it as "zero," and just say the room number without saying "gooshitsu."

Example　It's 203, and my name is Kudo.

2　部屋付けにしてください。

ルームサービスを利用したときのお金を、チェックアウトするときに払いたいときに、このように伝えましょう。ホテルのレストランやお土産ショップなどでも、部屋付けにできる場合があります。

Use this phrase when you want to pay for room service when you check out. You may also be able to pay when you check out for meals or a purchase in the hotel restaurant or souvenir shop.

3　Aを持ってきてもらえますか？

Aには名詞が入ります。部屋に何かを届けてほしいときや、何かを借りたいときにお願いするフレーズで、「〜てもらえませんか？」と言うこともできます。

例　バスタオルを1枚持ってきてもらえませんか？

"A" is a noun. This phrase is used when you request a delivery of something to your room or want to borrow something. You can also say like "~shite morae masen ka?"

Example　Could you please bring me a bath towel?

SCENE 2　宿泊

会話文

基本フレーズに注目しながらホテルのスタッフさんと工藤さんの会話を聞いてみましょう。  2-10

電話をかける

工藤：　　　すみません、ルームサービスをお願いします。

スタッフ：かしこまりました。お部屋番号をお願いします。

工藤：　　　506号室の工藤です。

スタッフ：506号室の工藤様ですね。メニューはお決まりですか？

工藤：　　　はい。おにぎりのセットを頼みたいんですけど、おにぎりの具は何ですか？

スタッフ：梅とたらこでございます。

工藤：　　　じゃあそれでお願いします。

スタッフ：かしこまりました。お支払いはどうなさいますか？

工藤：　　　部屋付けにしてください。

スタッフ：お部屋付けですね。かしこまりました。
　　　　　　お食事は何時ごろお持ちしますか？

工藤：　　　19時ごろ持ってきてもらえますか？

スタッフ：かしこまりました。

会話文

Make a call

Kudo: Excuse me, I'd like to ask for room service.

Hotel staff: Certainly. May I ask your room number?

Kudo: It's room 506, and my name is Kudo.

Hotel staff: Thanks, Mr./Ms. Kudo of room 506. May I take your order?

Kudo: Yes. I want to order an Onigiri (rice ball) set, but what are the fillings?

Hotel staff: They are pickled plum and roasted cod roe.

Kudo: Then, I'll take them.

Hotel staff: Certainly. How will you pay?

Kudo: Charge it to my room, please.

Hotel staff: To your room, ok.
When would you like me to bring you the meal?

Kudo: Could you bring it around 19:00?

Hotel staff: Certainly.

単語

イラストを見ながら、ホテルの客室によくあるものの単語を練習しましょう。 🔊 2-11

1. バスタオル
2. フェイスタオル
3. 鏡
4. 加湿器
5. 消臭スプレー
6. ドライヤー
7. アメニティ
8. 歯ブラシ
9. 綿棒
10. ヘアアイロン
11. コンセント
12. 変換プラグ

---

1. bath towel
2. hand towel
3. mirror
4. humidifier
5. deodorant spray
6. hair dryer
7. amenities
8. toothbrush
9. cotton swab
10. hair straightener
11. outlet
12. conversion plugs

ミニクイズ （　　）に入ることばを選んでください。

Q1 お客様のお部屋は303（　　　　）でございます。
　① 部　　② 匹　　③ 号室

Q2 歯ブラシを1本（　　　　）きてもらえませんか？
　① 持って　② 塗って　③ 揺らして

答え → Q1 ③　Q2 ①

便利な表現
Useful Expressions

 2-12

ジャムはどんな種類がありますか？
What types of jams are available?

金庫の使い方を教えてもらえませんか？
Can you tell me how to use the safe?

部屋にドライヤーがないんですが……。
I don't have a hair dryer in my room.

食器を片付けてもらえますか？
Could you clean the plates for me?

お湯がでないので、来てもらえませんか？
I cannot use hot water, so could you come and help me?

変換プラグを借りたいんですけど、ありますか？
I need to borrow a conversion plug. Do you have one available?

SCENE 2 宿泊

ミニコラム

体温計や加湿器などを貸してくれるホテルもあります。貸出備品の一覧があるホテルもあるので、借りる前にチェックしてみてください。

Some hotels lend thermometers and humidifiers. As some hotels have a list of equipment that can be borrowed, check the list before borrowing.

Lesson 4 宿泊

温泉の注意事項を聞く
Listen to the precautions for the hot spring

基本フレーズ

スタッフさんが温泉について話しています。
基本フレーズを確認しましょう。

🔊 2-13

① 貸切風呂は地下1階にございます。
The private bath is located on the basement floor.

スタッフ

② 予約制となっております。
Reservations are required.

スタッフ

③ 飲酒直後のご入浴はご遠慮ください。
Please refrain from taking a bath immediately after drinking alcohol.

スタッフ

フレーズのミニ解説

基本フレーズの表現やポイントを確認しましょう。

1 AはBにございます。

「AはBにあります」の丁寧な言い方です。

例 お手洗いは2階にございます。

It is a polite expression for "A wa B ni arimasu ('A' is located in/on 'B')."

Example The toilet is on the 2nd floor.

2 おります。

「おります」は「います」の謙譲語です。

例 お世話になっています。→ お世話になっております。
今、家にいます。→ 今、家におります。（主語は私です）

"Orimasu" is a humble language for "imasu."

Example Thanks for everything. → I really appreciate your continuous support.
I'm at home now. (The subject is "watashi (I).")

3 Aはご遠慮ください。

「Aはしないでください」の丁寧な言い方です。この表現があったら「Aはしてはいけない」や「Aは禁止」の意味なので注意してください。

例 おタバコはご遠慮ください。

It is a polite expression for "'A' wa shinaide kudasai (Please don't do 'A')." Please be careful when you see this expression, as it means "'A' must not be done" or "'A' is prohibited."

Example Please refrain from smoking.

会話文

基本フレーズに注目しながら旅館のスタッフさんと清水さんの会話を聞いてみましょう。 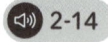 2-14

スタッフ： それでは貸切風呂についてご説明いたします。貸切風呂は地下1階にございます。こちら予約制となっております。お電話またはフロントにてご予約をお願いいたします。
ご入浴される際はお風呂の入口にございます札を入浴中に変えていただき、鍵をかけてご利用ください。
次は注意事項についてお伝えします。
まずは飲酒直後のご入浴はご遠慮ください。またご入浴される前に体を洗ってください。タオルを浴槽に入れないようお願いいたします。
以上でございますが、何かご質問はございますか？

清水： 貸切風呂にタオルはありますか？

スタッフ： 申し訳ございませんが、お部屋にあるタオルをお持ちください。

清水： わかりました。

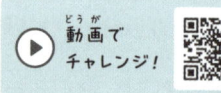

Staff: Well, I would like to explain about the private bath.

The private bath is located on the basement floor. Reservations are required for it. Please make a reservation by phone or at the front desk.

When taking a bath, please change the tag at the entrance of the bath to read "In the Bath" and lock the door.

Next, I would like to tell you about some precautions. First, please refrain from taking a bath immediately after drinking alcohol. Also, please wash your body before entering the bathtub.

Please do not put towels in the bathtub.

This is the end of my explanation.

Do you have any questions?

Shimizu: Are there towels in the private bath?

Staff: Sorry, but please bring the towel from your room.

Shimizu: I got it.

単語

イラストを見ながら、温泉（お風呂）で使う単語を練習しましょう。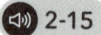

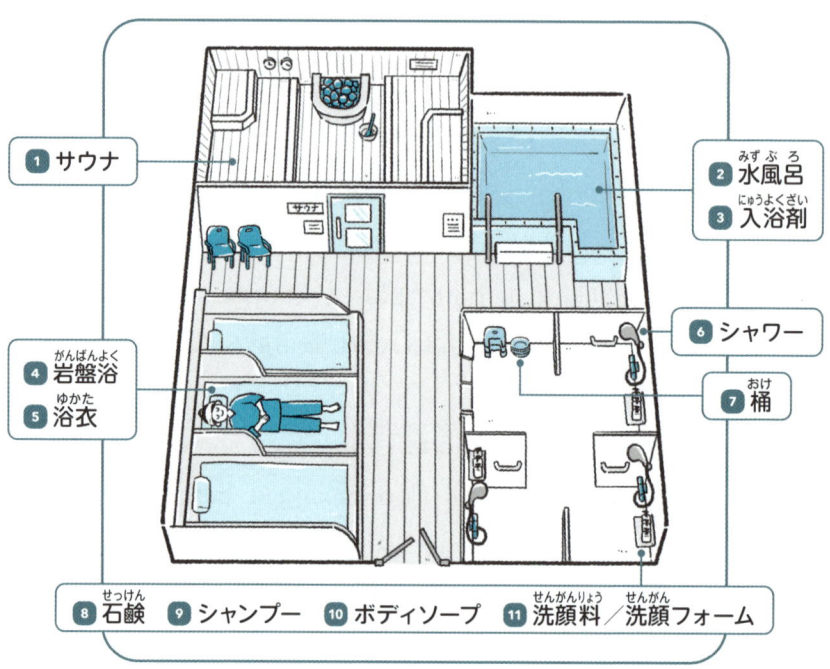

1. sauna
2. cold bath
3. bath additive
4. bedrock bath
5. Yukata(casual cotton kimono)
6. shower
7. pail
8. soap
9. shampoo
10. body soap
11. facial wash / facial cleansing foam

ミニクイズ （　）に入ることばを選んでください。

Q1 シャンプーはお部屋の浴室に（　　　）。
　① 参ります　② 申します　③ ございます

Q2 サウナ室でのスマートフォンのご使用は、（　　　）。
　① ご遠慮ください　② ご心配ください　③ ご説明ください

答え → Q1 ③　Q2 ①

便利な表現
Useful Expressions

🔊 2-16

脱衣所やお風呂場での写真撮影はご遠慮ください。
Please refrain from taking photos in the changing rooms and bathrooms.

ロッカーに荷物を入れる際は必ず鍵をかけてください。
Please be sure to lock the locker when putting your belongings in it.

お風呂にシャンプーやボディソープはありますか?
Is there shampoo and body soap in the bathroom?

バスタオルはどこにありますか?
Where are the bath towels?

温泉の温度は何度ですか?
What is the temperature of the hot spring?

大浴場は何時まで入れますか?
Until what time can we use the large public bath?

ミニコラム

日本ではタトゥーや入れ墨があると入れない温泉が多いですが、最近は入れるようになったところや、カバーシールを貼れば入れるところも増えています。

In Japan, there are many hot springs where you cannot enter if you have a tattoo. However, recently some places have begun to allow it, and more and more places allow it if you put a sticker cover over the tattoo.

Lesson 5 チェックアウトする

宿泊

Checking-out the hotel

基本フレーズ

谷口さんはホテルのチェックアウトをします。
基本フレーズを確認しましょう。

🔊 2-17

谷口

1 チェックアウトお願いします。
Check out, please.

谷口

2 サインでもいいですか？
Can I sign here?

谷口

3 荷物を預かってもらえますか？
Can you keep my luggage?

フレーズのミニ解説

基本フレーズの表現やポイントを確認しましょう。

1 チェックアウトお願いします。

チェックアウトしたいときは、フロントでこのように伝えましょう。チェックインするときも「チェックインお願いします」と言うことができます。

When you want to check out, please tell the front desk like this. When checking in, you can also say "Chekku in, onegai shimasu."

2 Aでもいいですか？

Aには名詞が入ります。相手にいいかどうか聞くときに使います。

例 日本語で入力できないので、英語でもいいですか？

"A" is a noun. You can use this phrase when you want to confirm it is ok.

Example I can't enter in Japanese, so can I enter in English instead?

3 Aを預かってもらえますか？

チェックイン前やチェックイン後に荷物などを預かってほしいときに使うフレーズです。

例 17時まで荷物を預かってもらえますか？
スーツケースを2つ預かってもらえますか？

This phrase is used when you want your luggage to be kept before or after check-in.

Example Could you keep my luggage until 17:00?
Could you keep my two suitcases?

会話文

基本フレーズに注目しながらホテルのスタッフさんと谷口さんの会話を聞いてみましょう。 🔊 2-18

谷口： チェックアウトお願いします。

スタッフ：かしこまりました。ルームサービスのご利用分をこちらで精算いたします。2,500円でございます。
お支払いはいかがなさいますか？

谷口： クレジットカードで。

スタッフ：かしこまりました。暗証番号をお願いいたします。

谷口： サインでもいいですか？

スタッフ：はい。では、こちらにサインをお願いいたします。

谷口： すみません、荷物を預かってもらえますか？

スタッフ：はい、承知しました。お戻りの際に、こちらの番号札をフロントにご提示ください。

荷物を受け取るとき

谷口： （番号札を見せながら）すみません。荷物、お願いします。

スタッフ：かしこまりました。少々お待ちください。
こちらのスーツケースでお間違いないですか？

谷口： あれ？もう1つあると思うんですけど……。
黒いスーツケースです。

スタッフ：申し訳ありません。こちらでしょうか？

谷口： それです。ありがとうございます。

会話文

Taniguchi: Check out, please.

Hotel staff: Certainly. Please pay for your room service charges here. It comes to 2,500 yen.
How would you like to pay?

Taniguchi: By credit card, please.

Hotel staff: Certainly. Please enter your PIN.

Taniguchi: Can I sign here instead?

Hotel staff: Yes. Please sign here.

Taniguchi: Could you keep my luggage?

Hotel staff: Yes, will do.
Please show this number tag to the front desk when you come back.

When receiving your luggage

Taniguchi: (while showing the number tag) Excuse me, my luggage please.

Hotel staff: Certainly. Please wait a moment.
This is your suitcase, right?

Taniguchi: Oh? I think there is one more.
It's a black suitcase.

Hotel staff: I'm so sorry. This one?

Taniguchi: Yes. Thank you very much.

単語

イラストを見ながら、ホテルのフロントで使う単語を練習しましょう。  2-19

1. 預り証
2. 領収書
3. サイン
4. かばん
5. 貴重品
6. 割れやすい物
7. 番号札
8. ゴルフバッグ
9. スーツケース／キャリーケース

---

1. luggage claim tag
2. receipt
3. sign
4. bag
5. valuables
6. breakable items
7. number tag
8. golf bag
9. suitcase / carry case

ミニクイズ　（　）に入ることばを選んでください。

Q1 スーツケースを（　　　）もらえますか？
　① 書いて　② 預かって　③ 迷って

Q2 支払いは（　　　）でもいいですか？
　① 現金　② 貴重品　③ 領収書

答え → Q1 ②　Q2 ①

便利な表現
Useful Expressions

 2-20

チェックアウトの延長はできますか？
May I extend my checkout time?

延泊はできますか？
Can I extend my stay?

ホテルから荷物を送れますか？
Can I send luggage from the hotel?

近くにお土産が買える場所はありますか？
Can I find a gift shop nearby?

空港行きの送迎バスはありますか？
Do you have a shuttle bus service to the airport?

ミニバーの飲み物やお菓子は召し上がりましたか？
Did you enjoy the beverages and snacks in the minibar?

部屋にパスポートを忘れてきたので、取ってきてもいいですか？
I forgot my passport in the room, so can I go to get it?

── ミニコラム ──

最近は自分で荷物を入れたり取ったりできるセルフロッカー（セルフクローク）を設置しているホテルもあります。
Nowadays, some hotels have self-service lockers where you can put in and take out your luggage yourself.

Lesson 6

しゅくはく
宿泊

にほんえん りょうがえ
日本円に両替をする

Exchange money into Japanese yen

基本フレーズ

ひらの　　　　にほんえん　りょうがえ
平野さんは日本円に両替をします。
きほん　　　　　　　かくにん
基本フレーズを確認しましょう。

 2-21

ひらの
平野

1 ユーロを日本円に
両替してください。

Please exchange Euros for Japanese Yen.

平野

2 ユーロから日本円の為替
レートはいくらですか？

What is the exchange rate from Euros to Japanese yen?

平野

3 1,000円札を10枚、
残りは1万円札で
お願いします。

Please give me ten 1,000-yen bills and the rest in 10,000-yen bills.

フレーズのミニ解説

基本フレーズの表現やポイントを確認しましょう。

1　AをBに両替してください。

Aは今持っている通貨です。Bにはほしい通貨が入ります。このフレーズが難しかったら、持っている通貨を見せながら「日本円にしてください」と言えば通じます。

例 アメリカドル（USD）をウォン（KRW）に両替してください。

"A" is the currency you currently have. "B" is the currency you want. If this phrase is difficult for you, just show the currency you have and say, "nihon en ni shite kudasai (please exchange this to Japanese yen)."

Example Please exchange my US dollars for won.

2　ユーロから日本円の為替レートはいくらですか？

為替レートを聞くときのフレーズです。日本で両替するときは「1ユーロ何円ですか？」と聞くこともできます。

This is a phrase for asking about exchange rates. When exchanging money in Japan, you can also ask, "ichi-yuuro nan-en desu ka (how much is one euro in Japanese yen)?".

3　1,000円札を10枚、残りは1万円札でお願いします。

紙幣（お札）も硬貨も数えるときは「枚」を使います。「10,000円」「5,000円」「2,000円」「1,000円」は紙幣です。「500円」「100円」「50円」「10円」「5円」「1円」は硬貨です。

When counting bills (notes) and coins, we use the unit "mai." "10,000 yen," "5,000 yen," "2,000 yen," and "1,000 yen" are bills. "500 yen," "100 yen," "50 yen," "10 yen," "5 yen," and "1 yen" are coins.

会話文

基本フレーズに注目しながらホテルの
スタッフさんと平野さんの会話を聞いてみましょう。 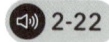 2-22

ホテルのフロント

平野： すみません、両替できますか？

スタッフ：はい、こちらで承ります。

平野： ユーロ（EUR）を円（JPY）に両替してください。

スタッフ：かしこまりました。
こちらにお名前やご希望金額をお書きください。

平野： わかりました。
ユーロから日本円の為替レートはいくらですか？

スタッフ：今日は1ユーロ169円です。

平野： （紙を出しながら）これでお願いします。

スタッフ：かしこまりました。

平野： できれば、1,000円札を10枚、残りは1万円札でお願いします。

スタッフ：かしこまりました。
それではいっしょにご確認お願いいたします。
1,000円札が10枚と、1万円札が4枚です。

平野： ありがとうございます。

English

Hotel Front Desk

Hirano: Excuse me, can I exchange money?

Hotel staff: Yes, we can exchange money here.

Hirano: Please exchange Euros for Japanese Yen.

Hotel staff: Certainly.
Please write your name and desired amount here.

Hirano: Ok. What is the exchange rate from Euros to Japanese yen?

Hotel staff: Today, 1 euro is 169 yen.

Hirano: (while handing the paper) Please exchange money as shown.

Hotel staff: Certainly.

Hirano: Please give me ten 1,000-yen bills and the rest in 10,000-yen bills.

Hotel staff: Sure. Let's confirm together.
There are ten 1,000-yen bills and four 10,000-yen bills.

Hirano: Thank you.

単語

イラストを見ながら、両替するときに使う単語を練習しましょう。 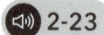 2-23

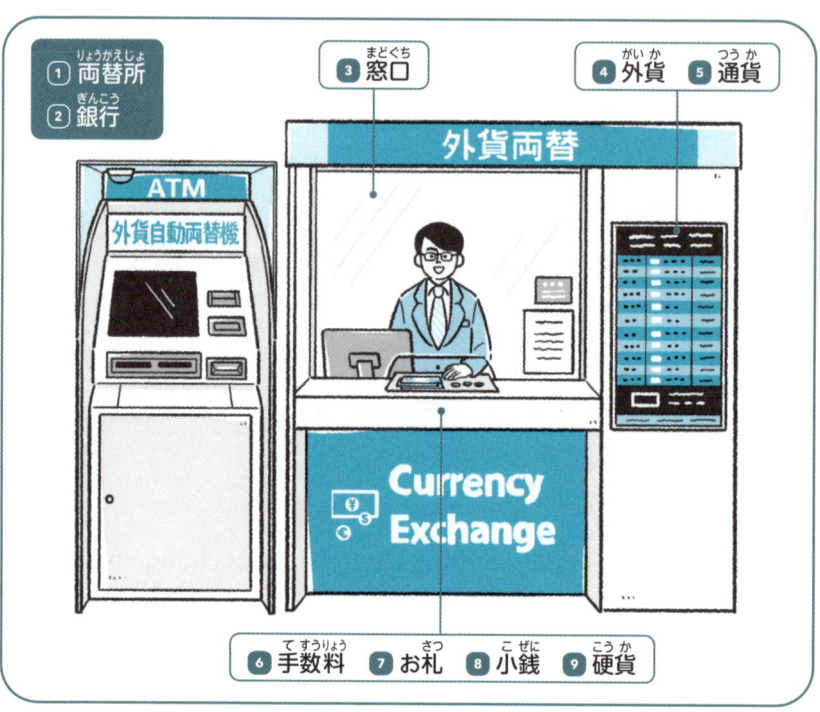

① currency exchange office ② bank ③ counter
④ foreign currency ⑤ currency ⑥ commission fee
⑦ bills ⑧ small change ⑨ coins

—ミニクイズ—（　）に入ることばを選んでください。—

Q1 ユーロを円に（　　　）してください。
　① 両替　② 両方　③ 税金

Q2 日本円からアメリカドルの為替（　　　）はいくらですか？
　① レート　② ルート　③ コート

答え → Q1 ①　Q2 ①

便利な表現
Useful Expressions

 2-24

この近くにレートがいい両替所はありますか？
Are there any exchange offices near here with good rates?

両替できる銀行はどこですか？
Which banks offer currency exchange?

手数料はいくらですか？
How much is the commission fee?

1,000円札を100円玉にくずしてもらえますか？
Can you convert a 1,000-yen bill into 100-yen coins?

小銭もまぜてください。
Please mix small change as well.

領収書もらえますか？
Can I get a receipt?

ミニコラム

空港やホテルだけでなく、外貨両替機が置いてある観光地が増えています。近くに銀行や両替所がなかったら、外貨両替機を探してみましょう。

Not only are foreign currency exchange machines available at airports and hotels, but an increasing number of tourist spots are also now equipped with them. If there is no bank or currency exchange office nearby, try looking for the foreign currency exchange machine.

便利な表現
More Useful Expressions

🔊 2-25

明日の予約をキャンセルしたいです。
I would like to cancel my reservation for tomorrow.

キャンセル料はかかりますか？
Is there a cancellation fee?

返金できますか？
Can I get a refund?

ルームキーを部屋に忘れてしまいました。
I forgot my room key in the room.

タクシーを呼んでもらえますか？
Can you call a taxi for me?

体重計はありますか？
Do you have a scale?

爪切りを貸してもらえますか？
Can I borrow a nail clipper?

貴重品は部屋の金庫に入れてください。
Please put your valuables in the safe in your room.

英語が話せる人はいますか？
Is there anyone who can speak English?

中国語の館内マップはありますか？
Is there an in-house map in Chinese?

SCENE 3

交通
こうつう

交通機関のアナウンスを聞く場面や、目的地を伝える場面があります。実際に日本の電車や飛行機に乗っているつもりになって、練習してみましょう！

You can learn conversations by listening to public transport announcements and talking to people about your destination.
Practice your pronunciation by imagining that you are actually on a train or airplane in Japan.

TRANSPORTATION

Lesson 1 交通

電車のきっぷの買い方を質問する
Asking a question about how to buy train tickets

基本フレーズ

高橋さんは電車のきっぷの買い方を質問します。
基本フレーズを確認しましょう。

🔊 3-1

高橋

1 きっぷの買い方を教えてもらえませんか？
Could you tell me how to buy a ticket?

高橋

2 何線に乗ればいいですか？
Which train line should I take?

高橋

3 何から何までありがとうございます。
Thank you for everything.

フレーズのミニ解説

基本フレーズの表現やポイントを確認しましょう。

1 きっぷの買い方を教えてもらえませんか？

「買い方」というのは「どうやって買うか」という意味です。何かの方法ややり方を教えてもらいたいときに使えるフレーズです。

動詞ます形＋方

例 行く方法＝行き方　調べる方法＝調べ方

"Kaikata" means "how to buy." This phrase can be used when you want someone to tell you the way to do something or how to do something.

Masu-form of verbs + kata

Example way to go = how to go
way to search = how to search

2 何線に乗ればいいですか？

日本の電車や地下鉄にはそれぞれ名前があります。電車の名前を聞くときは「何線ですか？」、ホームの番号を聞きたいときは「何番線ですか？」と聞きます。

例 山手線は何番線ですか？

Each train/subway in Japan has a name. When you want to know the name of a train, say "nani-sen desu ka?" and when you want to know the platform number, say "nan-bansen desu ka?".

Example Which platform is it for the Yamanote Line?

3 何から何までありがとうございます。

いろいろなこと全てにお礼を言いたいときに使えるフレーズです。

This phrase can be used when you want to express your gratitude for various things.

 基本フレーズに注目しながら高橋さんと森山さんの会話を聞いてみましょう。

品川駅でうしろに並んでいるお客さんに質問する

高橋：すみません、きっぷの買い方を教えてもらえませんか？

森山：どの駅で降りますか？

高橋：横浜です。

森山：じゃあ310円ですね。310円を押して、お金を入れてください。

高橋：ありがとうございます。何線に乗ればいいですか？

森山：品川駅からだと、東海道線とか横須賀線ですね。
1番速いのは東海道線です。

高橋：じゃあ13番線ですか？

森山：えっと……12番線ですね。
16時57分発の小田原行きに乗ればいいですよ。

高橋：何から何までありがとうございます。
関東に初めて来たので、調べてもよくわからなくて……。

森山：そうでしたか。気をつけて行ってくださいね。

English

Asking a question to the customer in line behind you at Shinagawa Station

Takahashi: Excuse me, could you tell me how to buy a ticket?

Moriyama: Which station will you get off at?

Takahashi: Yokohama Station.

Moriyama: Then, it's 310 yen. Select 310 yen and insert money.

Takahashi: Thank you. Which train line should I take?

Moriyama: From Shinagawa Station, Tokaido Line or Yokosuka Line.

The fastest line is the Tokaido Line.

Takahashi: So, should I go to the platform number 13?

Moriyama: Let's see. It is platform number 12.

You can take the 16:57 Odawara-bound train.

Takahashi: Thank you for everything.

It's my first time in Kanto area, so I don't know much even after doing some research.

Moriyama: Oh really. I hope you will get there without any problems.

単語

イラストを見ながら、電車に乗るときに使う単語を練習しましょう。 🔊 3-3

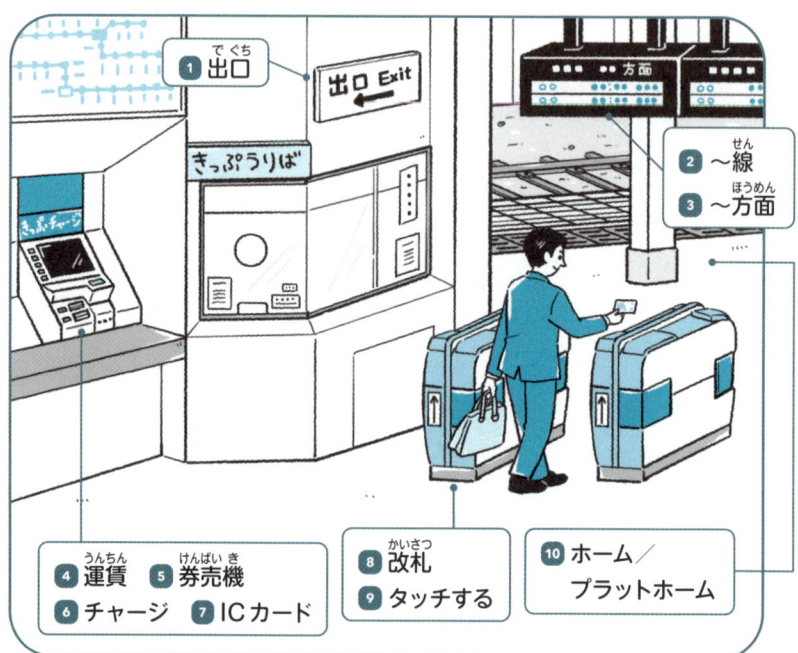

① 出口
② ～線
③ ～方面
④ 運賃
⑤ 券売機
⑥ チャージ
⑦ ICカード
⑧ 改札
⑨ タッチする
⑩ ホーム／プラットホーム

---

① exit　② ~line　③ toward / for~
④ fare　⑤ ticket-vending machine　⑥ charge / recharge
⑦ IC card　⑧ ticket gate　⑨ tap
⑩ platform

ミニクイズ —（　）に入ることばを選んでください。—

Q1 チャージの（　　　）を教えてもらえませんか？
　① 送り方　② やり方　③ 乗り方

Q2 どの改札を（　　　）いいですか？
　① 出れば　② 出るまで　③ 出るから

答え → Q1 ②　Q2 ①

便利な表現
Useful Expressions

 3-4

ICカードはどこで買えますか？
Where can I buy an IC card?

残高不足で改札を通れませんでした。
I couldn't go through the ticket gate because I didn't have enough money on the card.

間違ったきっぷを買ってしまったんですけど、払い戻しできますか？
I bought the wrong ticket, but can I get a refund?

終電／始発は何時ですか？
What time is the last/first train?

ここから渋谷駅までどのくらいかかりますか？
How long does it take from here to Shibuya Station?

舞浜駅まであと何駅ですか？
How many more stations until Maihama Station?

この電車は成田空港に行きますか？
Does this train go to Narita Airport?

ミニコラム

日本にはいろいろな交通系ICカードがあります。電車やバスだけでなく、飲食店やドラッグストアなど、いろいろな店で使えます。（対応していない店もあります）

There are many types of prepaid transportation IC cards in Japan. They can be used not only for trains and buses, but also in various stores such as restaurants, drugstores, and so on. (Some stores do not support the cards.)

Lesson 2
交通

駅や電車のアナウンスを聞く
Listening to station and train announcements

基本フレーズ

電車でアナウンスが流れています。
基本フレーズを確認しましょう。

 3-5

運転士
1 確認中です。
We are confirming now.

運転士
2 まもなく大塚です。
The train will soon arrive at Otsuka.

運転士
3 緊急停止したため
5分ほど遅れております。
Due to an emergency stop, there is a 5-minute delay.

フレーズのミニ解説

基本フレーズの表現やポイントを確認しましょう。

1 確認中です。

「確認中」の「中」は「今〜している」の意味です。

例 今、募集している＝募集中

"Chuu" of "kakunin chuu" means "be ~ing now."

Example Now recruiting = "boshuu chuu" (under recruitment)

2 まもなくAです。

Aには場所や時間を表す名詞が入ります。「もうすぐ〜です」という意味です。

例 まもなく14時30分です。

"A" is a noun expressing the places and time. It means "it is almost ~."

Example It will soon be 14:30.

3 緊急停止したため5分ほど遅れております。

電車が急にとまったり遅れているときに、駅のホームや電車の中でこのようなアナウンスがよく流れます。「動詞た形＋ため」「名詞＋の＋ため」で原因や理由を表します。

例 雨が降ったため、予定を変更しました。

When trains are suddenly stopped or delayed, announcements like this are often heard on the station platform or on the train.

"–ta form of verbs + tame" and "noun + no + tame" can show the cause or reason.

Example Due to rain, the schedule was changed.

SCENE 3 交通

会話文

基本フレーズに注目しながらアナウンスを聞いてみましょう。

 3-6

運転士：緊急停止します。お立ちのお客様はお近くの手すりや吊革におつかまりください。

ただ今、線路内に人が立ち入ったとの情報があり、緊急停止いたしました。

安全確認のため、しばらく停車いたします。ただ今詳しい状況を確認中です。お急ぎのところ列車遅れまして大変申し訳ございません。

（数分後）

安全の確認がとれましたので列車動き出します。
お立ちのお客様は、お近くの手すりや吊革におつかまりください。

まもなく大塚です。お出口は右側です。
お降りのお客様は傘などのお忘れ物がないようご注意ください。
この列車は緊急停止したため5分ほど遅れております。
ご迷惑をおかけし大変申し訳ございませんでした。

会話文

Train driver: The emergency brakes have been applied. If you are standing, please hold on to a handrail or strap.

We have just received information that a person has entered the train tracks, so we have made an emergency stop.

The train will be stopped for a while to confirm safety. We are now confirming the details of the situation. We are very sorry for the delay.

(A few minutes later)

The train will start moving now that the safety situation has been confirmed.

If you are standing, please hold on to a handrail or strap.

The train will soon arrive at Otsuka. The doors on the right side will open.

Please make sure that you have all your personal belongings, such as umbrellas, etc.

This train has been delayed for about 5 minutes due to an emergency stop.

We apologize for any inconvenience.

単語

イラストを見ながら、駅のアナウンスで使われる単語を練習しましょう。 🔊 3-7

1. 電光掲示板
2. 運転見合わせ
3. 人身事故
4. 車両点検
5. 救護活動
6. 非常停止ボタン
7. 黄色い線
8. 発車
9. 到着
10. 終点
11. 振替輸送
12. 遅延証明書

---

1. electric bulletin board
2. suspension of train service
3. personal injury accident
4. vehicle inspection
5. rescue operation
6. emergency stop button
7. yellow line
8. departure
9. arrival
10. last stop
11. transfer of transportation
12. delay certification

ミニクイズ （　）に入ることばを選んでください。

Q1 ただいま車両点検（　　）です。しばらくお待ちください。
　❶ 方　　❷ 間　　❸ 中

Q2 非常停止ボタンが使われた（　　）、しばらく運転を見合わせます。
　❶ まで　　❷ より　　❸ ため

答え → Q1 ❸　Q2 ❸

便利な表現
Useful Expressions
🔊 3-8

ドアが閉まります。ご注意ください。
The doors will close. Please be careful.

無理なご乗車はおやめください。
Please do not rush onto the train.

次は高田馬場です。西武新宿線、東西線はお乗り換えです。
The next station is Takadanobaba. Please change here for the Seibu Shinjuku Line or Tozai Line.

時間調整のため、あと１分ほど停車いたします。
The train will stop for about one minute to adjust the time schedule.

車内では携帯電話をマナーモードに設定の上、通話はご遠慮ください。
On the train, please set your mobile phone to silent mode and refrain from talking on the phone.

ご乗車になりましたら、中ほどまでお進みください。
After boarding the train, please continue to proceed towards the middle of the train.

― ミニコラム ―

日本には座席の上に荷物を置くことができる網棚がある電車や地下鉄が多いです。
Many trains and subways in Japan have overhead racks where you can place your luggage above your seat.

Lesson 3

交通

電車の乗り換えについて質問する

Asking a question about transferring trains

基本フレーズ

久保さんは電車の乗り換えについて質問します。
基本フレーズを確認しましょう。

🔊 3-9

久保

1 成田空港に行きたいです。
I want to go to Narita Airport.

久保

2 京成上野駅までどうやって行けばいいですか？
How can I get to Keisei Ueno Station?

久保

3 歩いてどのくらいかかりますか？
How long does it take to walk there?

フレーズのミニ解説

基本フレーズの表現やポイントを確認しましょう。

1 Aに行きたいです。

Aには目的地が入ります。「動詞ます形＋たい」で自分の希望やほしいと思っていることを表します。

> **例** 日本語の小説を買いたいです。

"A" is your destination. "Masu-form of verbs + tai" represents what you hope or want.

> **Example** I want to buy a Japanese novel.

2 Aまでどうやって行けばいいですか？

Aには ① と同じように行きたい場所の名前が入ります。「どうやって＋動詞条件形＋いいですか？」は、方法やアドバイスを聞くときや、何かを教えてほしいときに使える表現です。

> **例** どうやって注文すればいいですか？

As in 1, "A" is the name of the place you want to go to. "Douyatte (how) + hypothetical form of verbs + iidesuka?" is the expression that can be used when asking for methods or advice, or when you want someone to tell you something.

> **Example** How do I order?

3 歩いてどのくらいかかりますか？

目的地まで歩いてどのくらいの時間が必要か聞くときのフレーズです。乗り物の場合は「名詞＋で」を使います。

> **例** バスでどのくらいかかりますか？

This phrase is used when asking someone how long it will take to get to your destination if you walk. For vehicles, use "noun + de."

> **Example** How long does it take by bus?

SCENE 3 交通

会話文

基本フレーズに注目しながら
駅員さんと久保さんの会話を聞いてみましょう。 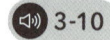 3-10

久保：すみません、成田空港に行きたいんですけど……。

駅員：ここはJRの上野駅なので、京成上野駅でスカイライナーに乗り換えてください。40分くらいで着きますよ。

久保：ありがとうございます。
京成上野駅までどうやって行けばいいですか？

駅員：まずは不忍改札を出てください。エスカレーターを降りて不忍口を出て右に曲がってください。横断歩道を渡って左に進むと京成上野駅の看板が見えますよ。

久保：不忍口から京成上野駅まで、歩いてどのくらいかかりますか？

駅員：そうですね……2分くらいだと思いますよ。

久保：わかりました。ありがとうございます。

会話文

Kubo: Excuse me, I want to go to Narita Airport.

Station employee: This is JR Ueno Station, so please transfer to the Skyliner at Keisei Ueno Station. You will get there in about 40 minutes.

Kubo: Thank you.
How do I get to Keisei Ueno Station?

Station employee: First, please exit through the Shinobazu ticket gate. Go down the escalator, exit the Shinobazu Exit, and then turn right.
If you cross the crosswalk and turn left, you will see the sign of Keisei Ueno Station.

Kubo: How long does it take to walk from Shinobazu Exit to Keisei Ueno Station?

Station employee: Well, I think it takes about 2 minutes.

Kubo: Got it. Thank you.

単語

イラストを見ながら、交通機関で使う単語を練習しましょう。

① limited express train	② rapid train	③ local train
④ eight-car train	⑤ schedule/timetable	⑥ stop (on a train's route)
⑦ JR	⑧ Shinkansen/bullet train	⑨ subway
⑩ sleeper train		

ミニクイズ — （　）に入ることばを選んでください。

Q1 地下鉄に乗り（　　　）。

① ほしいです　② たいです　③ たくです

Q2 ここから京都駅まで新幹線でどのくらい（　　　）ますか？

① 探し　② 注文し　③ かかり

答え → Q1 ②　Q2 ③

便利な表現
Useful Expressions

 3-12

どうやってお金をチャージすればいいですか？
Please tell me how to recharge the IC card?

この電車は名古屋駅を通りますか？
Does this train pass through Nagoya Station?

ここで降りればいいですか？
Should I get off here?

どこで乗り換えますか？
Where can I transfer?

北口改札はどこですか？
Where is the north exit ticket gate?

次の大阪行きは何時ですか？
What time does the next train to Osaka leave?

ミニコラム

JRと地下鉄の駅が少し離れている場所や、乗り換えが複雑でわかりにくい駅もあります。事故で電車が動かなくなることもあるので、空港に行くときや新幹線に乗るときは、時間に余裕を持って移動しましょう。

In some places, the JR and subway stations are a little far apart, and in some stations, the transfer process is complicated and difficult to understand. In addition, accidents can cause trains to stop, so be sure to have enough time when going to the airport or riding the Shinkansen.

Lesson 4
交通

新幹線で席を探す
Finding a seat on the Shinkansen

基本フレーズ

桃木さんは新幹線で席を探しています。基本フレーズを確認しましょう。

 3-13

桃木

1 私が予約した席なんです。
This is the seat I reserved.

桃木

2 チケットを見てもいいですか？
May I see your ticket?

桃木

3 自由席空いているといいですね。
I hope there are non-reserved seats available.

フレーズのミニ解説

基本フレーズの表現やポイントを確認しましょう。

1 私が予約した席なんです。

「名詞＋なんです」「動詞普通形＋んです」は状況や理由を説明したいときに使います。

例 来週、新幹線で静岡に行くんです。

"Noun + nandesu" or "verb plain form + n desu" is used when you want to explain the situation or reason.

Example I'm going to Shizuoka by Shinkansen next week.

2 チケットを見てもいいですか？

「動詞て形＋もいいですか？」は相手にいいかどうか確認するときや、許可をもらいたいときに使います。

例 ここで食べてもいいですか？

"Te-form of verbs + mo ii desu ka?" is used when you want to check if the other person is okay with something or ask for the person's permission.

Example Can I eat here?

3 自由席空いているといいですね。

「動詞普通形＋といいですね／といいね」は相手の願いや希望が叶ってほしいと思うときに使います。

例 飛行機が遅延しないといいね。（相手の希望を願う）

"Verb normal form + to ii desu ne/to ii ne" is used when you want the other person's hopes and wishes to come true.

Example I hope the flight won't be delayed. (hope of the other person)

SCENE 3 交通

会話文

基本フレーズに注目しながら桃木さんと早坂さんの会話を聞いてみましょう。 🔊 3-14

桃木：すみません、ここ私が予約した席なんですけど……。

早坂：えっ、12号車の4Dですか？

桃木：そうです。

早坂：あれ？私も12号車の4Dです。

桃木：チケットを見てもいいですか？

早坂：どうぞ。

桃木：あっ……時間間違えてますよ。
　　　たぶん1本後の新幹線だと思います。

早坂：あっ、本当だ。すみません。すぐに移動しますね。

桃木：いえいえ。急がなくていいですよ。
　　　自由席空いているといいですね。

早坂：ありがとうございます。
　　　今日は平日だからたぶん空いていると思います。

Momoki: Excuse me, I think this is the seat I reserved.

Hayasaka: Oh? Car number 12, 4D?

Momoki: Yes, that's correct.

Hayasaka: Hm? My seat is also in car number 12, 4D.

Momoki: May I see your ticket?

Hayasaka: Here you go.

Momoki: Oh, you have the wrong time.
It's probably for the next Shinkansen.

Hayasaka: Oh, you are right. I'm sorry. I'll leave right away.

Momoki: No problem. No need to rush.
I hope there are non-reserved seats available.

Hayasaka: Thank you very much.
It's a weekday today, so it's probably available.

単語

イラストを見ながら、交通機関に乗るときに使う単語を練習しましょう。

 3-15

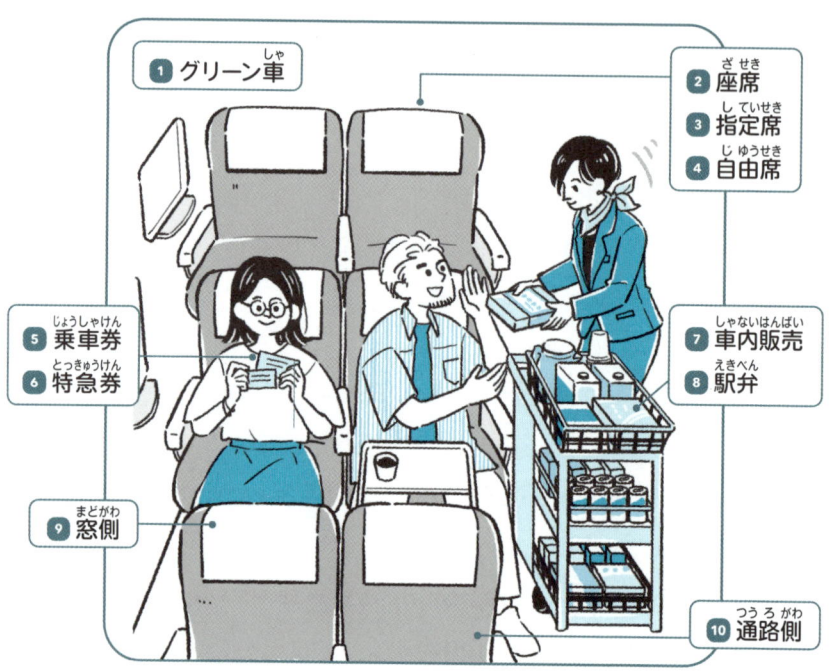

1. グリーン車
2. 座席
3. 指定席
4. 自由席
5. 乗車券
6. 特急券
7. 車内販売
8. 駅弁
9. 窓側
10. 通路側

---

1. green car　2. seat　3. reserved seat
4. non-reserved seat　5. boarding ticket　6. limited express ticket
7. onboard sales　8. station bento　9. window side
10. aisle side

ミニクイズ （　　）に入ることばを選んでください。

Q1 乗車券を（　　　）いいですか？
　　① 見るかも　② 見ても　③ 見られるで

Q2 通路側を予約し（　　　）。
　　① たんです　② ましたんです　③ るんです

答え → Q1 ②　Q2 ①

便利な表現
Useful Expressions

自由席は何号車ですか？
What car has the non-reserved seats?

この席は10号車の1Aですか？
Is this seat 1A in car number 10?

席を変えてもらうことはできますか？
Can I ask to change my seat?

荷物を棚に乗せるのを手伝ってもらえませんか？
Can you help me put my luggage on the rack?

お手洗いは何号車にありますか？
Which car is the restroom located?

席をたおしてもいいですか？
Can I recline my seat?

ミニコラム

私は必ずおにぎりや駅弁、お茶を買ってから新幹線に乗ります。以前は車内販売サービスがありましたが、今は一部の新幹線でしか車内販売サービスを行っていません。

I always buy onigiri (rice balls), ekiben (station bento), and tea before boarding the Shinkansen. There used to be an onboard sales service, but now only a few Shinkansen trains offer this service.

Lesson 5
交通
運転手に目的地を伝える
Telling what your destination is

基本フレーズ

中川さんは運転手さんに目的地を伝えます。
基本フレーズを確認しましょう。

🔊 3-17

中川

1 千葉ホテルまで
お願いします。
To the Chiba Hotel, please.

中川

2 次の信号を
右に曲がってください。
Please turn right at the next light.

中川

3 ここで降ろして
もらえますか？
Could you drop me off here?

フレーズのミニ解説

基本フレーズの表現やポイントを確認しましょう。

1 Aまでお願いします。

タクシーの運転手(ドライバー)に目的地(A)を伝えるときのフレーズです。他にもいろいろな伝え方があります。

> **例** 札幌駅に行ってください。／東京駅方面に向かってください。

This phrase is used when telling the taxi driver your destination (A). There are many other ways to tell your destination.

> **Example** Please go to Sapporo Station. / Please head towards Tokyo Station.

2 次の信号を右に曲がってください。

具体的な方向や場所を案内するときによく使うフレーズです。

> **例** 2つ目の信号を左に曲がってください。

This phrase is often used when guiding someone to a specific direction or place.

> **Example** Please turn left at the second light.

3 ここで降ろしてもらえますか？

目的地より少し前で降りたいときに使える言い方です。他にも「ここでいいです」「ここで降ろしてください」と言うこともできます。「ここ」に具体的な場所や位置を入れることもできます。

> **例** あのスーパーの前で降ろしてもらえますか？

This phrase can be used when you want to get off a little before your destination. You can also say, "koko de ii desu (here is fine)," or "koko de oroshite kudasai (please drop me off here)." You can also change the word "koko (here)" to a specific location or position. .

> **Example** Could you drop me off in front of that supermarket?

会話文

基本フレーズに注目しながら運転手さんと中川さんの会話を聞いてみましょう。 3-18

運転手： どちらまで行かれますか？

中川： 千葉ホテルまでお願いします。

運転手： わかりました。

中川： ここからだと、どれくらいかかりますか？

運転手： 渋滞がなければ、15分くらいで着くと思いますよ。

中川： わかりました。

中川： すみません、やっぱり次の信号を右に曲がってください。すぐにコンビニが見えると思うので、コンビニの前で降ろしてください。

運転手： あの……コンビニの前は他の車がとまっていますね。コンビニの少し先でとめましょうか？

中川： じゃあ、ここで降ろしてもらえますか？

運転手： わかりました。

Taxi driver: Where would you like to go?
Nakagawa: To the Chiba Hotel, please.
Taxi driver: Certainly.
Nakagawa: About how long will it take from here?
Taxi driver: I think it will take about 15 minutes if there is no traffic jam.
Nakagawa: Ok.
Nakagawa: Excuse me, please turn right at the next light.
You'll probably see a convenience store soon, so please drop me off in front of the convenience store.
Taxi driver: Um…there is another car parked in front of the convenience store.
Shall I park a little ahead of the convenience store?
Nakagawa: Could you drop me off here?
Taxi driver: Sure.

単語

イラストを見ながら、目的地を伝えるときに使う単語を練習しましょう。 🔊 3-19

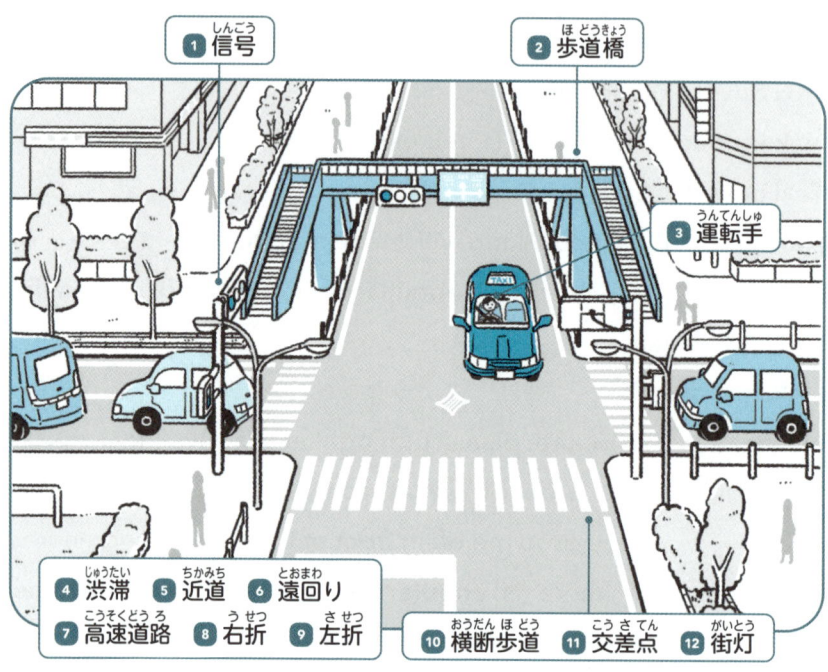

1. 信号
2. 歩道橋
3. 運転手
4. 渋滞
5. 近道
6. 遠回り
7. 高速道路
8. 右折
9. 左折
10. 横断歩道
11. 交差点
12. 街灯

① light	② pedestrian bridge	③ driver
④ traffic jam	⑤ shortcut	⑥ detour
⑦ highway	⑧ right turn	⑨ left turn
⑩ crosswalk	⑪ intersection	⑫ streetlight

ミニクイズ　（　）に入ることばを選んでください。

Q1 次の歩道橋を左に（　　　）ください。

　① 折れて　② かけて　③ 曲がって

Q2 渋滞しているので、次の信号で（　　　）もらえますか？

　① 降ろして　② 迷って　③ 誘って

答え → Q1 ③　Q2 ①

便利な表現
Useful Expressions

🔊 3-20

タクシー乗り場はどこですか？
Where is a taxi stand?

（スマホを見せながら）この住所に行ってください。
(while showing a smartphone) Please take me to this address.

あとどのくらいかかりますか？
How much longer will it take?

しばらくまっすぐ進んでください。
Please go straight ahead for a while.

シートベルトをお締めください。
Please fasten your seat belt.

この時間帯は深夜料金になりますので、2割増しになります。
Late-night charges will occur during this time, so there will be a 20% charge increase.

**（2台に分かれて乗るとき）
前のタクシーについて行ってください。**
(When riding in two taxis) Follow the taxi in front of you.

ミニコラム

流しのタクシーをつかまえるときは「空車」と書いてあるタクシーを見つけましょう。「賃走」「迎車」「回送」などと書いてあるときは、乗ることができません。

When catching a taxi, look for one that is marked "kuusha (vacant)." You cannot ride if it is marked as "chinsou (occupied)," "geisha (reserved)" or "kaisou (out of service)."

Lesson 6

こうつう
交通

バスの乗り方を質問する

Asking about how to ride the bus

基本フレーズ 陳さんはバスの乗り方を質問します。
基本フレーズを確認しましょう。 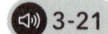 3-21

陳

1 もう少しゆっくり言ってもらえませんか？
Can you speak a little more slowly?

陳

2 運賃はいつ払えばいいですか？
When should I pay the fare?

陳

3 後払いはどういう意味ですか？
What does "atobarai" mean?

フレーズのミニ解説

基本フレーズの表現やポイントを確認しましょう。

1 もう少しゆっくり言ってもらえませんか？

相手の人の話すスピードが速かったら、このように伝えてみてください。単語や文法が理解できないときは「簡単な日本語で話してもらえませんか？」と伝えてみましょう。どうしてもわからないときはスマホの翻訳機能を使うのも1つの方法です。

If the other person speaks too fast, try telling them this phrase. If you don't understand the words or grammar, try saying, "kantan na nihongo de hanashite moraemasen ka (can you speak to me in simple Japanese)?" If you still cannot understand, try to use your smartphone's translation app.

2 運賃はいつ払えばいいですか？

「いつ＋動詞条件形＋いいですか？」は、いつ〜するのがいいか、どのタイミングですればいいのか聞くときのフレーズです。

例 チケットはいつ買えばいいですか？

"Itsu (when) + hypothetical form of verbs + ii desu ka?" is the phrase when you want to ask about the good timing to do something.

Example When should I buy tickets?

3 Aはどういう意味ですか？

Aの意味を質問するときに使います。話すときは「Aってどういう意味ですか？」と言うこともできます。

例 乗車するってどういう意味ですか？

This is used when asking a question about the meaning of "A." You can also say, "'A' tte douiu imi desuka (what is the meaning of 'A')?"

Example What does it mean to ride?

会話文

基本フレーズに注目しながらスタッフさんと陳さんの会話を聞いてみましょう。

陳：　　　　すみません、岐阜城に行きたいんですけど……。

スタッフ：岐阜城なら12番か13番乗り場から行けますよ。

陳：　　　　どこで降りればいいですか？

スタッフ：岐阜公園歴史博物館前で降車してください。

陳：　　　　すみません、**もう少しゆっくり言ってもらえませんか？**

スタッフ：岐阜公園歴史博物館前で降りてください。

陳：　　　　わかりました。**運賃はいつ払えばいいですか？**

スタッフ：現金だったら後払いです。

陳：　　　　**後払いはどういう意味ですか？**

スタッフ：バスを降りるときに払うっていう意味ですよ。

陳：　　　　わかりました。ありがとうございます。

会話文

Chen: Excuse me, I want to go to Gifu-jo.

Staff: Gifu-jo? You can go there from the number 12 or 13 bus stop.

Chen: Where should I get off?

Staff: Please get off at the "Gifu Koen Rekishi Hakubutsukan Mae" bus stop.

Chen: Excuse me, can you speak a little more slowly?

Staff: Please get off at the "Gifu Koen Rekishi Hakubutsukan Mae" bus stop.

Chen: Ok. When should I pay the fare?

Staff: If you pay in cash, "atobarai (post payment)."

Chen: What does "atobarai" mean?

Staff: It means that you pay when you get off the bus.

Chen: Got it. Thank you.

単語

イラストを見ながら、バスに乗るときに使う単語を練習しましょう。 🔊 3-23

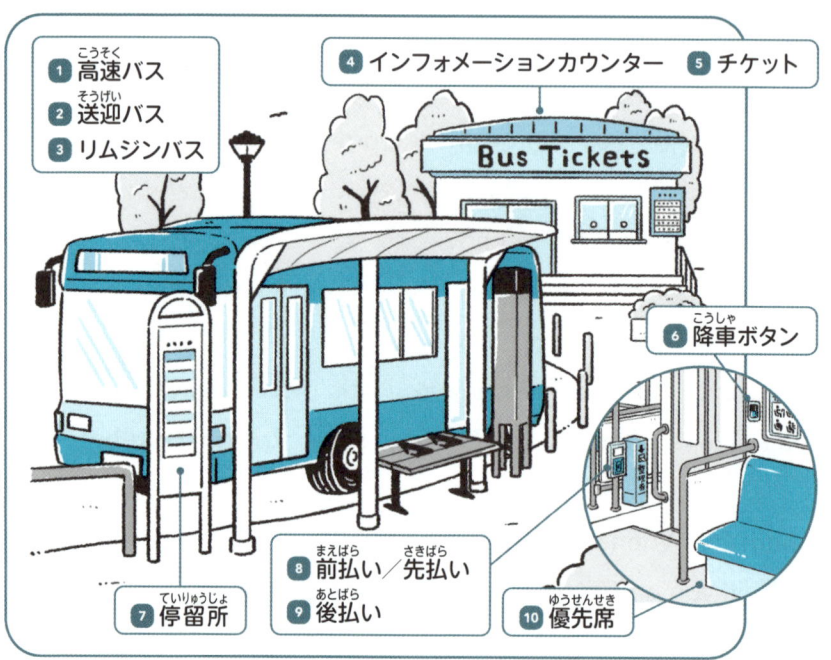

1. 高速バス
2. 送迎バス
3. リムジンバス
4. インフォメーションカウンター
5. チケット
6. 降車ボタン
7. 停留所
8. 前払い／先払い
9. 後払い
10. 優先席

---

1. highway bus
2. shuttle bus
3. limousine bus
4. information counter
5. ticket
6. stop button
7. bus stop
8. prepayment
9. post payment
10. priority seat

ミニクイズ　（　）に入ることばを選んでください。

Q1 降車ボタンはいつ（　　　）いいですか？
1. 折れば　2. 乗れば　3. 押せば

Q2 優先席は（　　　）意味ですか？
1. どういう　2. どうして　3. どこで

答え → Q1 ❸　Q2 ❶

便利な表現
Useful Expressions
🔊 3-24

このバスはどこに行きますか？
Where is this bus going?

このバスは広島駅に行きますか？
Does this bus go to Hiroshima Station?

京都駅に行くバスはどれですか？
Which bus goes to Kyoto Station?

細かいお金に両替したいです。
I want to break this into small change.

時刻表はどこですか？
Where is the timetable?

次のバスはいつ来ますか？
When will the next bus come?

――― ミニコラム ―――

日本のほとんどの路線バスは現金で払うとき、おつりがでません。小銭がなかったら、バスの中で両替することができます。

Most public buses in Japan do not give change when paying the fare in cash. If you don't have small change, the bus operator can break your cash into smaller change.

Lesson 7 交通

空港のカウンターで荷物を預ける

Check-in your luggage at the airport

基本フレーズ スタッフさんに荷物を預けます。基本フレーズを確認しましょう。 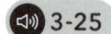 3-25

1 パスポートを拝見してもよろしいですか？
May I have your passport, please?

スタッフ

2 お預けになるお荷物はいくつございますか？
How many bags do you have to check-in?

スタッフ

3 5kgオーバーしております。
Your luggage is 5 kg overweight.

スタッフ

フレーズのミニ解説

基本フレーズの表現やポイントを確認しましょう。

1　Aを拝見してもよろしいですか？

「拝見する」は「見る」の謙譲語です。Aには名詞が入ります。「拝見してもよろしいですか？」は「見てもいいですか？」という意味です。

> **例** チケットを拝見してもよろしいですか？

"Haiken suru" is a humble language for "miru." "A" is a noun. "Haiken shitemo yoroshii desu ka (may I see it, please)?" means "mitemo ii desu ka (can I see it)?".

Example May I see your ticket, please?

2　お預けになるお荷物はいくつございますか？

飛行機に乗る前に預ける荷物のことを「預け荷物（預け手荷物）」、自分で機内に持っていく荷物のことを「手荷物（機内持ち込み手荷物）」と言います。※航空会社のHPによっては「預け入れ手荷物」と書かれている場合もあります。

> **例** パソコンは預け荷物に入れないほうがいい。

The luggage that you checked in before boarding the plane is called "azuke nimotsu/azuke te-nimotsu (check-in luggage)," and the luggage that you bring onto the plane yourself is called "te-nimotsu/kinai mochikomi te-nimotsu (hand luggage/carry-on luggage)." *Depending on the airline's website, it may be written as "azuke ire te-nimotsu."

Example It is better not to put your computer in your check-in luggage.

3　5kgオーバーしております。

kgはキログラムと読みます。会話では「キロ」と言われることが多いです。このフレーズの「オーバー」は「ある基準となる数や重さなどを超える」という意味です。

The word "kg" is read as "kiro guramu." In conversation, people often say just "kiro." "Over" in this phrase means "exceeding a certain standard number or weight."

会話文

基本フレーズに注目しながらスタッフさんと三上さんの会話を聞いてみましょう。 🔊 3-26

三上： チェックインお願いします。

スタッフ： かしこまりました。
パスポートを拝見してもよろしいですか？

三上： はい。

スタッフ： 羽田空港行き、本日19時ご出発ですね。
お預けになるお荷物はいくつございますか？

三上： このスーツケース1つです。

スタッフ： 中に壊れやすいものや危険物などはございませんか？

三上： ありません。

スタッフ： あの……お荷物なんですが、重量制限を超えておりまして、超過料金を2万円お支払いいただくことになるのですが……。

三上： 何kgオーバーしていますか？

スタッフ： 23kgまでとなっておりまして、5kgオーバーしております。

三上： わかりました。もう手荷物に入らないので、超過料金を支払います。

スタッフ： かしこまりました。

動画でチャレンジ！

Mikami: Check in, please.

Staff: Most certainly.

May I have your passport, please?

Mikami: Here you go.

Staff: Your flight to Haneda Airport leaves today at 19:00. How many luggage do you have to check in?

Mikami: Just this suitcase.

Staff: Are there any fragile or dangerous items inside?

Mikami: No.

Staff: Um...your luggage is over the weight limit, so we will have to charge you 20,000 yen for it.

Mikami: How many kilograms over the weight limit?

Staff: The limit is 23 kg, and your luggage is 5 kg overweight.

Mikami: I understand. I will pay the excess charge, since it no longer fits in my carry-on.

Staff: Certainly.

単語

イラストを見ながら、空港で使う単語を練習しましょう。 🔊 3-27

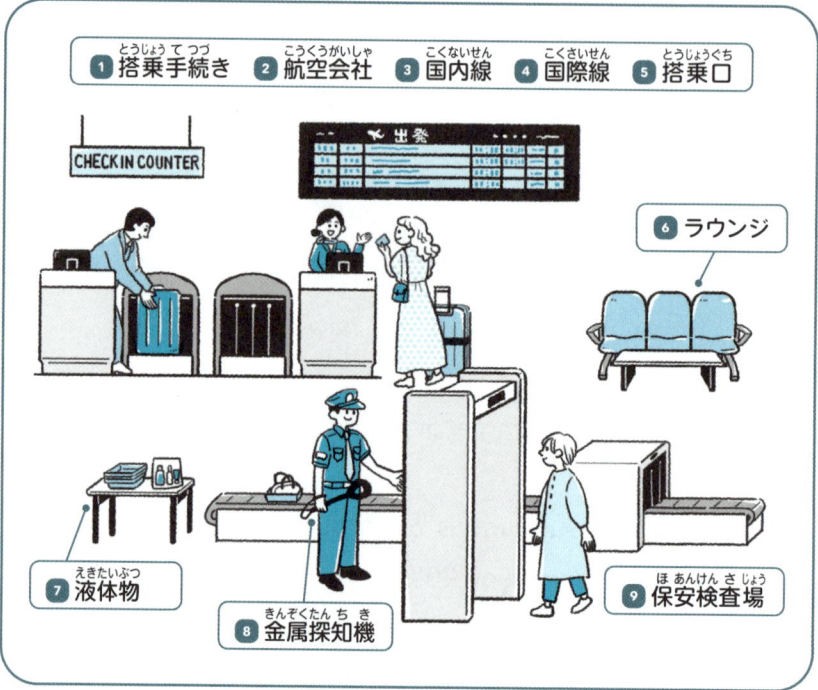

① 搭乗手続き　② 航空会社　③ 国内線　④ 国際線　⑤ 搭乗口　⑥ ラウンジ　⑦ 液体物　⑧ 金属探知機　⑨ 保安検査場

① boarding procedure　② airline　③ domestic flight
④ international flight　⑤ boarding gate　⑥ lounge
⑦ liquid　⑧ metal detector　⑨ security checkpoint

ミニクイズ　（　）に入ることばを選んでください。

Q1 チケットを（　　　）よろしいですか？
① 伺っても　② 拝見しても　③ 召し上がっても

Q2 （　　　）ブッキングで、予約した飛行機に乗れなかった。
① ラウンジ　② オーバー　③ キログラム

答え → Q1 ❷　Q2 ❷

便利な表現
Useful Expressions 🔊 3-28

カメラは預け荷物に入れられますか？
Can I put my camera in the check-in luggage?

何Kgまで預けられますか？
How many kilograms of luggage can I check in?

（機内持ち込み）手荷物のサイズは何㎝までですか？
What is the maximum size of the carry-on?

このサイズは手荷物として持ち込めますか？
Can I bring this size as a carry-on?

超過料金がかかるのは何Kgからですか？
From how many kilograms does the excess charge apply?

荷物はいくつまで預けられますか？
How many bags can I check in?

ミニコラム

預け荷物の超過料金は航空会社や行き先によって違うので、事前にHPで調べておきましょう。

The excess charges for check-in luggage vary depending on the airlines and destination, so make sure to check the airline website in advance.

Lesson 8

こうつう
交通

機内のアナウンスを聞く

Listening to the in-flight announcements

基本フレーズ

機内でアナウンスが流れています。
基本フレーズを確認しましょう。

🔊 3-29

1 まもなく離陸いたします。
The plane is going to take off shortly.

客室乗務員

2 シートベルトを
しっかりお締めください。
Please fasten your seat belt securely.

客室乗務員

3 機内は化粧室を含め
全席禁煙です。
No smoking is allowed on board including in the lavatories.

客室乗務員

フレーズのミニ解説

基本フレーズの表現やポイントを確認しましょう。

1 まもなく離陸いたします。

「いたします」は「する」の謙譲語です。「まもなく＋動詞」で「もうすぐ〜する」という意味です。

例 今から非常用設備についてご案内いたします。

まもなく ▶ p.104「駅や電車のアナウンスを聞く」を参照

"Itashimasu" is a humble language for "suru." With "mamonaku (soon) + verb" means "mousugu (soon) ~ suru."

Example We will now inform you about the emergency equipment.
Mamonaku ▶ See page 104 "Listening to station and train announcements"

2 シートベルトをしっかりお締めください。

「お／ご〜ください」は何かをお願いするときの敬語表現です。

例 ご質問がありましたら乗務員までお尋ねください。

"O/go ~ kudasai" is an honorific expression when you want to request something.

Example If you have any questions, please ask a flight attendant.

3 機内は化粧室を含め全席禁煙です。

飛行機の中のことを「機内」と言います。また、飛行機の食事のことを「機内食」と言います。「含める」は「〜を入れて」の意味です。

例 この飛行機では機内Wi-Fiサービスをご利用いただけます。

The inside of an airplane is called "kinai (in-flight)." Also, meals on airplanes are called "kinai-shoku." "Fukumeru" means "including ~."

Example In-flight Wi-Fi service is available on this aircraft.

会話文

基本フレーズに注目しながら
機内のアナウンスを聞いてみましょう。

 3-30

客室乗務員：本日はあかね的日本語航空、新千歳空港行き28便にご搭乗いただきありがとうございます。
新千歳空港までの飛行時間は、離陸後1時間30分を予定しております。
当機はまもなく離陸いたします。
お座席にお座りになり**シートベルトをしっかりお締めください。**
携帯電話など電波を発する電子機器の使用は法律で禁じられております。
機内モードなどに設定するか電源をお切りください。
機内は化粧室を含め全席禁煙です。
ご了承ください。
それでは新千歳空港までの空の旅、ごゆっくりお過ごしください。

English

Flight attendant: Welcome aboard Akane's Japanese Airlines flight 28 to New Chitose Airport.
Our flight time to New Chitose Airport is expected to be one and half hours.
The plane is going to take off shortly.
Please take on your seat and fasten your seat belt securely.
The use of cellphones and other devices that emit electronic signals is prohibited by law.
Please turn off your devices or set them to airplane mode.
No smoking is allowed on board including in the lavatories.
Thank you for your cooperation.
We hope you will enjoy your flight to New Chitose Airport.

単語

イラストを見ながら、飛行機のアナウンスで聞く単語を練習しましょう。  3-31

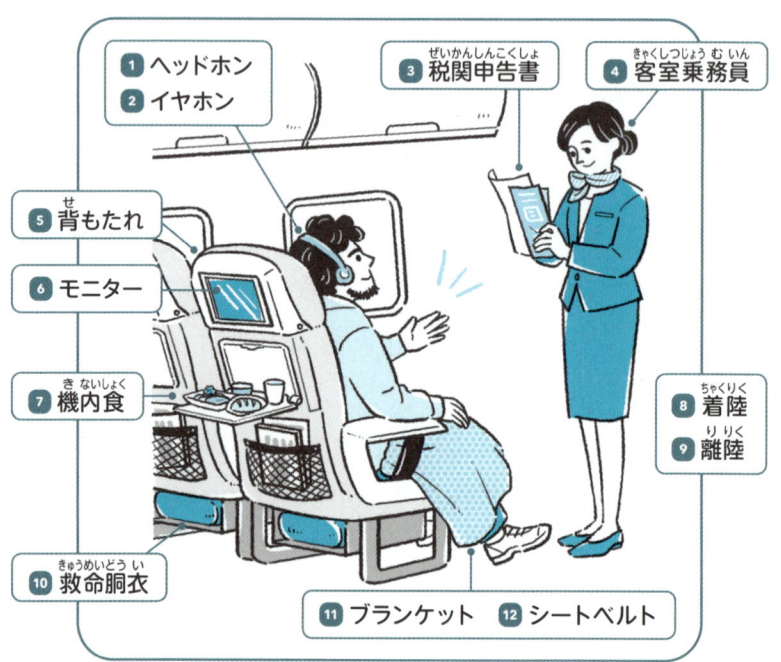

① headphone	② earphone	③ customs declaration form
④ flight attendant	⑤ backrest	⑥ monitor
⑦ In-flight meal	⑧ landing	⑨ take-off
⑩ life vest / life jacket	⑪ blanket	⑫ seat belt

ミニクイズ ―（　）に入ることばを選んでください。――――

Q1 背もたれをもとの位置に（　　　）ください。

①お戻し　②お降り　③お預け

Q2 （　　　）着陸いたします。

①ますます　②まったく　③まもなく

答え → Q1 ①　Q2 ③

便利な表現
Useful Expressions

シートベルト着用サインが点灯しました。
The seat belt sign is now on.

お座席のリクライニング、テーブルは元の位置にお戻しください。
Please return the reclining seat and table to their original positions.

この先揺れることが予想されます。
We'll be experiencing some turbulence shortly.

お手荷物は前の座席の下か、上の棚にお入れください。
Please secure your belongings under your seat or in the overhead compartments.

ただいまから非常用設備についてご案内いたします。
We will now inform you about the emergency equipment.

すみません、お湯をもらえますか？
Excuse me, can I have some hot water?

すみません、ブランケットはありますか？
Excuse me, do you have a blanket?

—— ミニコラム ——

飛行機に長時間乗っているときはエコノミークラス症候群にならないように、きちんと飲み物を飲んで、ときどきストレッチをしたり足のマッサージをしたりしましょう。

When flying for long periods of time, drink properly and occasionally stretch and massage your legs to avoid economy class syndrome.

便利な表現
More Useful Expressions

振替輸送はどうすれば利用できますか？
How can I use the free alternative transport?

終電を逃してしまいました。
I missed the last train.

この駅の読み方は何ですか？
How do I read this station?

都庁に行きたいんですけど、何番出口が1番近いですか？
I want to go to the Tokyo Metropolitan Government Office. Where is the closest exit?

どの改札を出たらいいですか？
Which ticket gate should I get out of?

エレベーターかエスカレーターはありますか？
Are there the elevator or escalator?

ICカードのチャージはどこでできますか？
Where can I recharge my IC card?

車両点検のため5分ほど停車します。
The train will stop for 5 minutes for vehicle inspection.

遅延証明書はどこでもらえますか？
Where can I get a delay certificate?

（タクシーで）ここで待っててもらえますか？
Can you wait here for me (to a taxi driver)?

成田空港で預けた荷物が出てこないんです。
My check-in luggage at Narita Airport has not arrived.

SCENE 4

買(か)い物(もの)

スーパーやコンビニでの会話(かいわ)をはじめ、本(ほん)や服(ふく)を買(か)うときの会話(かいわ)もあります。日本(にほん)で買(か)い物(もの)している場面(ばめん)を想像(そうぞう)しながら、日本語(にほんご)のネイティブスピーカーが実際(じっさい)に使(つか)う表現(ひょうげん)を練習(れんしゅう)しましょう！

You can learn conversations that you might have with a staff at a supermarket or convenience store, as well as when buying books or clothes.
Imagine your shopping scene in Japan and practice the expressions that native Japanese speakers actually use!

SHOPPING

Lesson 1
コンビニで買い物をする
Shopping at a convenience store

買い物

基本フレーズ コンビニのレジで店員さんと話します。基本フレーズを確認しましょう。 🔊 4-1

1. お弁当、温めますか？
   Would you like this bento (boxed/packed meal) warmed up?

   店員

2. 袋はお持ちですか？
   Do you have a bag?

   店員

3. お支払い方法を選択してください。
   Please select your payment method.

   店員

フレーズのミニ解説

基本フレーズの表現やポイントを確認しましょう。

1 お弁当、温めますか？

日本のコンビニでは、お弁当を電子レンジで温めてくれるサービスがあります。電子レンジが置いてあって、お客さんが自分で温める店舗もあります。温める必要がないときは「いえ、大丈夫です」「温めなくていいです」と言えばいいです。

In Japan, convenience stores offer a service where bento can be heated in a microwave oven. Some stores have microwave ovens where customers themselves can heat up their bento. If you do not need to heat up the food, just say "ie, daijoobu desu (no, it's ok)," or "atatame nakute ii desu (no need to heat up)."

2 袋はお持ちですか？

スーパーやコンビニの袋はほとんど有料です。他にも「袋はご入り用ですか？」や「袋はおつけしますか？」と聞かれることがあります。いらないときは「袋持ってます」や「袋あります」と言えばいいです。

▶ p.34「テイクアウトの注文をする」を参照

Most supermarkets and convenience stores charge for bags. Other phrases include, "fukuro wa goiriyoo desuka (do you need a bag)?" or "fukuro wa otsuke shimasuka (do you want a bag)?" If you don't need a bag, you may say like "fukuro motte masu (I have a bag)," or "fukuro arimasu(I have a bag)".

▶ See page 34 "Take-out order"!

3 お支払い方法を選択してください。

最近はセルフレジが増えています。セルフレジの場合は自分で支払い方法を選びます。

Recently, the use of self-checkout has been increasing. If you use self-checkout, you can choose your own payment method.

会話文

基本フレーズに注目しながらコンビニの店員さんと山崎さんの会話を聞いてみましょう。 4-2

店員：いらっしゃいませ。お次の方どうぞ。
　　　こちらのお弁当、温めますか？
山崎：はい、お願いします。
店員：かしこまりました。
山崎：あと、アイスコーヒーのMお願いします。
店員：かしこまりました。袋はお持ちですか？
山崎：はい、あります。あ、お箸ください。
店員：おひとつでよろしいですか？
山崎：はい。
店員：お会計867円でございます。
　　　こちらのタッチパネルからお支払い方法を選択してください。
店員：レシートをお取りください。ありがとうございました。

会話文

Store clerk: Welcome. Would you like this bento warmed up?
Yamazaki: Yes, please.
Store clerk: Sure.
Yamazaki: Also, can I have a medium-size iced coffee, please?
Store clerk: Sure. Do you have a bag?
Yamazaki: Yes, I do. Oh, can I have chopsticks?
Store clerk: Is one pair of chopsticks enough?
Yamazaki: Yes.
Store clerk: Your total is 867 yen. Please select your payment method from the touch panel here.
Store clerk: Please take your receipt. Thank you very much.

単語

イラストを見ながら、コンビニで使う単語を練習しましょう。 🔊 4-3

1. クーポン
2. タバコ
3. お酒
4. 缶ジュース
5. 年齢確認
6. セルフレジ
7. エコバッグ
8. うどん
9. 焼きそば
10. ヨーグルト

---

1. coupons
2. tobacco
3. sake/alcohol
4. canned juice
5. age check
6. self-checkout
7. reusable bag
8. noodles
9. stir-fried noodles
10. yogurt

ミニクイズ （　　）に入ることばを選んでください。

Q1 こちらの焼きそば、（　　　　）？
　① 温めますか　② 温めるですか　③ 温めしますか

Q2 エコバッグは（　　　　）ですか？
　① お持て　② お持ち　③ お持け

答え → Q1 ①　Q2 ②

便利な表現
Useful Expressions

 4-4

年齢確認ボタンを押してください。（お酒を買うとき）
Please press the age confirmation button. (when buying alcohol)

スプーンを1本ください。
Please give me a spoon.

ホットカフェラテのLください。
Can I have a L-size hot café latte, please?

もっと大きい袋はありますか？
Do you have a bigger bag?

1番小さい袋をください。
Please give me the smallest bag.

袋はお分けしますか？
Would you like to separate the bags?

お次のお客様、こちらのレジにどうぞ。
Next customer. Please come to this register.

お手洗い（トイレ）を借りてもいいですか？
May I use your restroom?

ミニコラム

日本にはATMやコピー機が置いてあるコンビニが多いです。荷物を送ったりハガキが買えるコンビニもあります。

Many convenience stores in Japan have ATMs and copy machines. There are also convenience stores where you can send packages and buy postcards.

Lesson 2
買い物

スーパーで商品を探す
Find products at the supermarket

基本フレーズ

チャンさんはスーパーで商品を探しています。
基本フレーズを確認しましょう。

🔊 4-5

チャン

1 おにぎりは
どこにありますか？
Where are the rice balls?

チャン

2 ツナマヨって
どんな味ですか？
What does "tsuna mayo (shredded tuna and mayonnaise)" taste like?

チャン

3 賞味期限は
いつまでですか？
What's the best-before date?

フレーズのミニ解説

基本フレーズの表現やポイントを確認しましょう。

1 Aはどこにありますか？

買いたい物（A）の場所を聞くときに使います。他にも「Aはどこですか？」や「Aはありますか？」と言うこともできます。

例 ヨーグルトはどこにありますか？

It is used when asking about the location of something (A) you want to buy. You can also say "'A' wa doko desu ka (where is 'A')?" or "'A' wa arimasu ka (Is there an 'A')?".

Example Where is the yogurt?

2 Aって（Aは）どんな味ですか？

食べ物や飲み物の味について知りたいときに聞くフレーズです。「どんな」は「どのような」の話し言葉です。

例 とんこつラーメンってどんな味ですか？

This phrase is used when you want to know about the taste of food or drink. "Donna" is a spoken language for "dono youna (what kind)."

Example What does tonkotsu ramen taste like?

3 賞味期限はいつまでですか？

日本には賞味期限と消費期限があります。「賞味期限」はいつまでならおいしく食べられるという目安です。「消費期限」はいつまでに食べたほうがいいという安全に食べられる期限のことです。肉や魚、弁当などには消費期限が書かれていることが多いです。

In Japan, there are two types of expiration dates: "best-before" and "consume-by." The "best-before" date is a standard date which a food can be eaten by. The "consume-by" date is the date by which the food is safe to eat, which is often written on the packages of meat, fish, and bento.

会話文

基本フレーズに注目しながらスーパーの店員さんとチャンさんの会話を聞いてみましょう。  4-6

チャン： すみません、おにぎりはどこにありますか？

店員： お弁当コーナーにありますよ。

チャン： ありがとうございます。

あの、人気があるおにぎりはどれですか？

店員： そうですね……当店ではツナマヨが人気です。

チャン： ツナマヨってどんな味ですか？　辛いですか？

店員： 辛くないですよ。マヨネーズの味です。

ツナはマグロのことです。

チャン： そうなんですね。賞味期限はいつまでですか？

店員： 明日までです。お早めにお召し上がりください。

チャン： わかりました。ありがとうございます。

店員： お客様、よろしければこちらのかごをお使いください。

English

Chan: Excuse me, where are the rice balls?
Store clerk: They are in the bento area.
Chan: Thank you.
Which rice ball is popular?
Store clerk: I think "tsuna mayo" is popular here.
Chan: What does "tsuna mayo" taste like? Is it spicy?
Store clerk: Not spicy. It has the taste of mayonnaise.
"Tsuna" means tuna.
Chan: I see. What's the best-before date?
Store clerk: It is until tomorrow. Please eat it while it's fresh.
Chan: Ok, thanks.
Store clerk: Excuse me, please use this basket if you like.

単語

イラストを見ながら、スーパーにある商品の名前を練習しましょう。 🔊 4-7

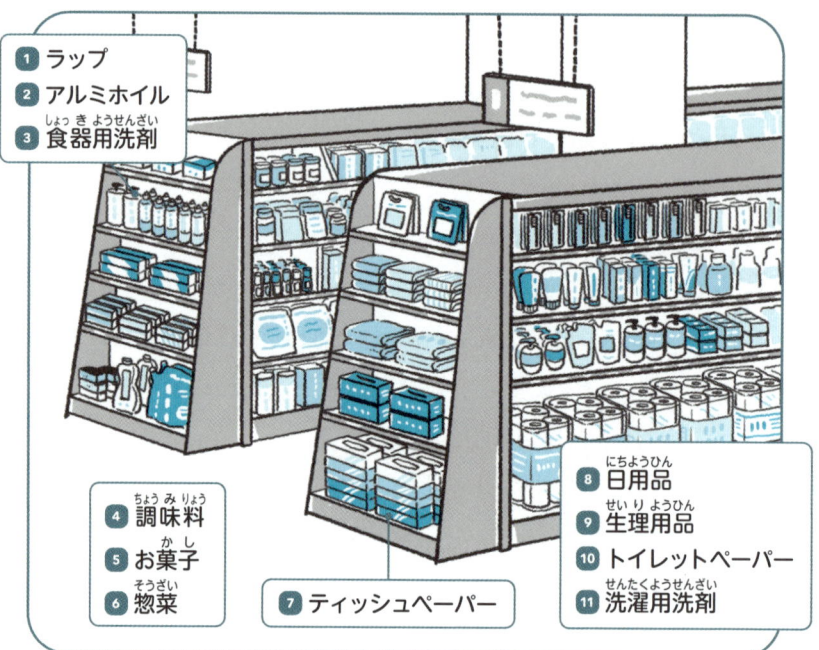

1. ラップ
2. アルミホイル
3. 食器用洗剤
4. 調味料
5. お菓子
6. 惣菜
7. ティッシュペーパー
8. 日用品
9. 生理用品
10. トイレットペーパー
11. 洗濯用洗剤

---

1. plastic wrap/cling film
2. aluminum foil
3. dish detergent
4. seasoning
5. snacks
6. side dish
7. tissue
8. daily necessities
9. sanitary products
10. toilet paper
11. laundry detergent

ミニクイズ　（　）に入ることばを選んでください。

Q1 調味料は（　　　）ありますか？
　❶ どこが　❷ どこに　❸ どこへ

Q2 このお菓子の賞味（　　　）はいつまでですか？
　❶ 期待　❷ 期限　❸ 長期

答え → Q1 ❷　Q2 ❷

便利な表現
Useful Expressions

🔊 4-8

トイレットペーパーはどのコーナーにありますか？
Where is the toilet paper?

他に種類はありますか？
Are there any other kinds?

これは期間限定商品です。
This is a limited seasonal product.

もう売り切れました。
It's already sold out.

明日入荷します。
It will be in stock tomorrow.

このポケットティッシュは税込みいくらですか？
How much does this pocket tissue cost including tax?

こちらの商品はお一人様1点限りとなっております。
This item is limited to one item per person.

― ミニコラム ―

「今、東京って暑いですか？」
この「って」は「は」の意味です。話し言葉でよく使います。「今東京は暑いって聞きました」の「って」は伝聞なので書くときは「と」になります。

The "tte" in the sentence of "ima tookyoo tte atsui desu ka (Is it hot in Tokyo now)?" means "wa." It is often used in spoken language. The "tte" in the sentence of "ima tookyoo wa atsui tte kikimashita (I heard it's hot in Tokyo now)" means hearsay, so when writing it, use "to" instead of "tte."

Lesson 3 アパレルショップで試着する

買い物

Trying on clothes at a clothes shop

基本フレーズ

小笠原さんは服を試着します。基本フレーズを確認しましょう。

🔊 4-9

小笠原

1 他の色はありますか？

Do you have other colors?

小笠原

2 試着してもいいですか？

Can I try this on?

小笠原

3 Lサイズはありますか？

Do you have a large size?

フレーズのミニ解説

基本フレーズの表現やポイントを確認しましょう。

1 他の色はありますか？

別の色があるかどうか聞きたいときに使います。もし、ほしい色が決まっていたら「これの白はありますか？」と聞くこともできます。

This phrase is used when you want to ask if another color is available. If you know the color you want, you can ask "Do you have this in white?"

2 試着してもいいですか？

実際に服を着てみたいときに使うフレーズです。他にも「試着できますか？」や「試着室はどこですか？」と聞くこともできます。試着して、もし気に入らなかったら「サイズがあいませんでした」や「イメージと違いました」と言えば、買わないことが伝わります。

▶「動詞て形＋もいいですか？」はp.116の「新幹線で席を探す」を参照

This phrase is used when you actually want to try on clothes. You can also use other phrases such as, "shichaku dekimasu ka (can I try on the clothes)?" or "shichaku shitsu wa doko desuka (where is the fitting room)?" If you try on the clothes and don't like them, you can say like "saizu ga aimasen deshita (the size doesn't fit me)" or "imeeji to chigai mashita (it's not what I imagined)" to indicate that you will not buy the item.

▶ See page 116 "Finding a seat on the Shinkansen" for "te-form of verbs + mo ii desu ka?"!

3 Lサイズはありますか？

日本の服の大きさはXS・S・M・L・XLで表すことが多いですが、7号・9号など、「号」を使うこともあります。くつのサイズは「25㎝」や「26.5㎝」のように「㎝」を使います。

The sizes of clothes are often expressed as XS, S, M, L, or XL in Japan, but sometimes different size unit "goo" is used, such as 7 (nana) goo or 9 (kyuu) goo. Shoe sizes are expressed in "cm," such as 25 cm or 26.5 cm.

会話文

基本フレーズに注目しながらアパレルショップの店員さんと小笠原さんの会話を聞いてみましょう。 4-10

店員： お客様、何かお探しですか？

小笠原：あの、このTシャツってブラックだけですか？
他の色はありますか？

店員： こちらはですね……他にはホワイトとブルーがございます。

小笠原：じゃあホワイトのほう、試着してもいいですか？

店員： かしこまりました。試着室をご案内いたします。
靴をぬいで、こちらでご試着お願いいたします。

小笠原：わかりました。

（数分後）

店員： お客様、いかがですか？

小笠原：ちょっと小さいですね……Lサイズはありますか？

店員： 在庫を確認しますので、少々お待ちください。

小笠原：お願いします。

店員： お客様、ホワイトのLサイズご用意しました。
ご試着されますか？

小笠原：いえ、大丈夫です。それください。

店員： ありがとうございます。ではレジにご案内いたします。

Store clerk: May I help you?

Ogasawara: Um, is this T-shirt only in black? Do you have other colors?

Store clerk: For this one, we also have in white and blue.

Ogasawara: Then, can I try on the white one?

Store clerk: Certainly. I will show you the fitting room. Please take off your shoes and try it on here.

Ogasawara: Got it.

(After a few minutes)

Store clerk: How do you like it?

Ogasawara: It's a bit small. Do you have it in L size?

Store clerk: Please wait a moment while I check the stock.

Ogasawara: Thank you.

Store clerk: We have white in L size available. Would you like to try it on?

Ogasawara: No, it's okay. I'll take it.

Store clerk: Thank you. Please follow me to the register.

単語

イラストを見ながら、いろいろな服の名前を練習しましょう。 🔊 4-11

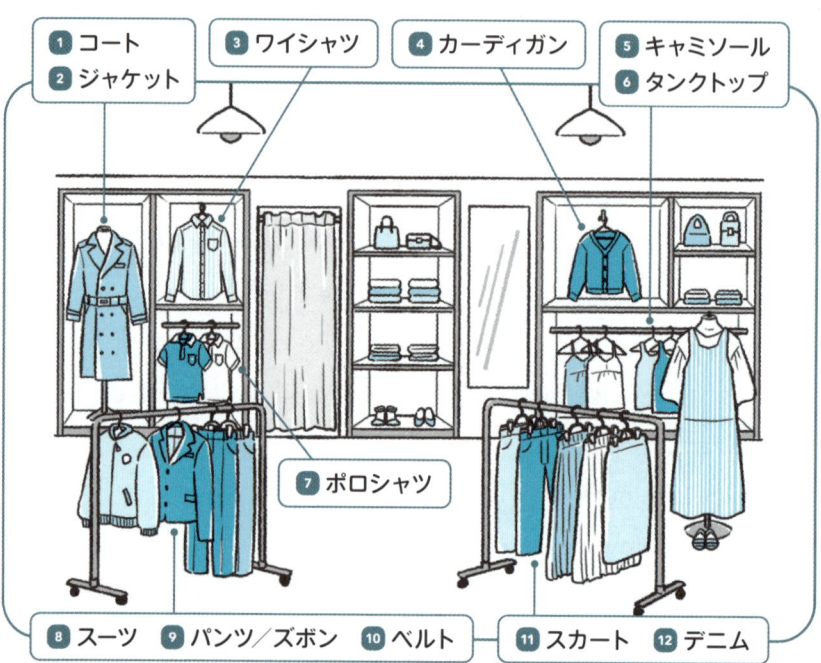

1. コート
2. ジャケット
3. ワイシャツ
4. カーディガン
5. キャミソール
6. タンクトップ
7. ポロシャツ
8. スーツ
9. パンツ／ズボン
10. ベルト
11. スカート
12. デニム

1 coat	2 jacket	3 business shirt
4 cardigan	5 camisole	6 tank top
7 polo shirt	8 suit	9 pants
10 belt	11 skirt	12 denim

ミニクイズ （　　）に入ることばを選んでください。

Q1 このスーツ、（　　　　）してもいいですか？
　① 試飲　② 入試　③ 試着

Q2 このスカート、他の（　　　　）はありますか？
　① 味　② 香り　③ 色

答え → Q1 ❸　Q2 ❸

便利な表現
Useful Expressions
 4-12

これより小さいサイズはありますか？
Do you have a smaller size?

全部で何色ありますか？
How many colors are there in total?

これの色違いはありますか？
Are there different colors of this one?

これに似たデザインはありますか？
Do you have a design similar to this?

サイズが合わなかったので、他のを試着してもいいですか？
This size doesn't fit me, so can I try on another size?

これ、さわってもいいですか？
Can I touch this?

ミニコラム

試着室にフェイスカバーがある店もあります。化粧をしている人はトップスを試着するときに、服にファンデーションなどがつかないようにフェイスカバーをつけて試着しましょう。

Some stores have face coverings in the fitting rooms. If you wear makeup, when trying on tops, put on a face covering to prevent your foundation and the like from getting on the clothes.

Lesson 4　ポイントカードの説明を聞く
買い物

Listen to the explanation of the point card

基本フレーズ

店員さんがポイントカードの説明をしています。
基本フレーズを確認しましょう。

🔊 4-13

1 スニーカー1点で5,080円になります。
This pair of sneakers comes to 5,080 yen.

 店員

2 お買い上げ金額100円につき1ポイント貯まります。
You can receive one point for every 100 yen spent.

 店員

3 ただし、セール品は対象外となります。
However, sale items are not covered.

 店員

フレーズのミニ解説

基本フレーズの表現やポイントを確認しましょう。

1 スニーカー1点で5,080円になります。

商品を数えるときに「1点」「2点」を使うことがあります。スーパーやコンビニで食品を買ったときも「〇点」を使うことができます。

例 3点お買い上げで30% offになります。

When counting products, we sometimes use "it-ten (one item)," "ni-ten (two items)," etc. You can also use "〇 ten" when you buy food at a supermarket or convenience store.

Example If you buy three items, you will get 30% off.

2 お買い上げ金額100円（A）につき 1ポイント（B）貯まります。

これは、A（数の単位や時間）に対してB（どのくらいの時間やお金）がかかったり、貯まったりするかという意味です。

This phrase means "B" (how much time or money) is spent or saved for "A" (unit of number or time).

3 ただし、セール品は対象外となります。

前の説明のあとに、条件やもっと説明したいことがあるときに「ただし」を使います。対象外というのは対象ではないという意味です。

例 月曜日は定休日です。ただし、月曜日が祝日の場合は営業します。

"Tadashi (however)" is used when there is a condition or something else you want to explain after the previous explanation. "Taishougai" means "not covered."

Example Closed on Mondays. However, if Monday is a holiday, we will be open.

SCENE 4 買い物

会話文

基本フレーズに注目しながら靴屋の店員さんと湯川さんの会話を聞いてみましょう。

店員：いらっしゃいませ。

こちらの**スニーカー1点で5,080円になります。**

当店のポイントカードやアプリはお持ちですか？

湯川：いや……持っていないです。

店員：お作りしますか？

湯川：はい、お願いします。

店員：ありがとうございます。

ポイントが管理できるアプリがございますので、こちらのQRコードを読み取って、ダウンロードしてご登録をお願いいたします。

湯川：はい、今ダウンロードできました。

店員：ありがとうございます。

お買い上げ金額100円につき1ポイント貯まります。貯めたポイントは1ポイント＝1円からご利用いただけます。

ただし、セール品は対象外となりますのでご注意ください。

English

Store clerk: Welcome.
This pair of sneaker comes to 5,080 yen.
Do you have our point card or app?
Yukawa: No, I don't have either.
Store clerk: Would you like to make one?
Yukawa: Yes, please.
Store clerk: Thank you.
There is an app with which you can manage your points, so please scan this QR code, download it, and register your data.
Yukawa: Ok, now I could download it.
Store clerk: Thank you.
You can receive one point for every 100 yen spent.
You can use the points you saved, so one point is one yen.
However, sale items are not covered.

単語

イラストを見ながら、いろいろな靴の名前を練習しましょう。 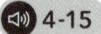 4-15

- ① sports shoes
- ② sneakers
- ③ boots
- ④ heel
- ⑤ pumps
- ⑥ sandals
- ⑦ box
- ⑧ shoelace
- ⑨ shoehorn
- ⑩ socks
- ⑪ leather shoes

―― ミニクイズ ―― （　）に入ることばを選んでください。――

Q1 スリッパ3（　　　）で、1,340円になります。
　① 枚　　② 着　　③ 点

Q2 スニーカー1足（　　　）300円の割引券をプレゼントいたします。
　① にして　　② につき　　③ にから

答え → Q1 ❸　Q2 ❷

便利な表現
Useful Expressions

🔊 4-16

ポイントの有効期限はありますか？
Is there an expiration date for the points?

ポイントカードを忘れちゃいました（忘れてしまいました）。
I forgot my point card.

入会費や年会費はありません。
There are no signup fees or annual fees.

300ポイント使いたいです。
I want to use 300 points.

ポイントで払いたいです。
I would like to pay with my points.

セール品は返品・交換の対象外となります。
Sale items are not eligible for returns or exchanges.

もう1点購入すると10% offになりますが、いかがなさいますか？
If you purchase one more item, you can get 10% off. Would you like to do that?

― ワンポイント ―

くつは「1足」「2足」「3足」と数えます。左と右のペアで「1足」です。

Shoes are counted as "is-soku (1 pair)," "ni-soku (2 pairs)," and "san-soku (3 pairs)." A pair of left and right shoes is "is-soku."

SCENE 4 買い物

Lesson 5

買い物

本屋（書店）で本を買う

Buying books at a bookstore

基本フレーズ

池田さんは本を買います。誰が話しているかに注目しながら、基本フレーズを確認しましょう。

🔊 4-17

①　この本は在庫切れです。
This book is out of stock.

店員

②　カバーはおかけしますか？
Do you want the book covered?

店員

池田

**③　この2冊だけ
　　お願いします。**
Just these two books, please.

フレーズのミニ解説

基本フレーズの表現やポイントを確認しましょう。

1 この本は在庫切れです。

「在庫切れ」というのは、その本は売り切れてしまって、店にはもう残っていないという意味です。チェーンの書店なら他の店舗にあるか確認してもらうこともできます。「他の店舗にあるか調べてもらえますか？」と聞いてみましょう。

"Zaiko gire (out of stock)" means that the book was sold out and the store does not have it in stock. If it is a bookstore chain, you can ask the staff to check if other stores have it. Ask "hoka no tempo ni aruka shirabete moraemasu ka (could you check if other stores have it)?".

2 カバーはおかけしますか？

日本の本屋では、表紙が見えないように紙のカバーをするか聞いてくれるところが多いです。セルフレジの場合は自分でカバーをかけるところもあります。

At many Japanese bookstores, the staff often ask you if you want the book covered with a paper cover so that the book is not visible. In the case of self-checkout, you may have to put the cover by yourself.

3 この2冊だけお願いします。

本を数えるときは、「冊」を使います。1冊、2冊、3冊、4冊、5冊と言います。

When counting the number of books, use the unit "satsu." You can say is-satsu, ni-satsu, san-satsu, yon-satsu, go-satsu.

会話文

基本フレーズに注目しながら本屋（書店）の店員さんと池田さんの会話を聞いてみましょう。 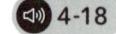 4-18

池田：（スマホを見せながら）あの……この本はどこにありますか？
店員：お調べしますので少々お待ちください。
　　　お客様、申し訳ありません。この本は在庫切れです。
池田：そうなんですね。じゃあこのガイドブックはありますか？
店員：こちらでしたら、2階の地図・旅行コーナーにございます。
池田：わかりました。ありがとうございます。

レジで会計する

店員：いらっしゃいませ。ポイントカードや駐車券はお持ちですか？
池田：はい、あります。お願いします。
店員：ありがとうございます。
　　　2,000円以上のお買い上げで駐車料金2時間分が無料になります。
店員：カバーはおかけしますか？
池田：お願いします。
店員：5冊全ておかけしてもよろしいですか？
池田：この2冊だけお願いします。
店員：かしこまりました。

Ikeda: (while showing a smartphone) Um...where is this book?

Store clerk: Please wait a moment while I check for it.
I am sorry. This book is out of stock.

Ikeda: Too bad. Then, do you have this guidebook?

Store clerk: Yes, this is in the map/travel corner on the second floor.

Ikeda: Got it. Thank you.

Paying the bill at the register

Store clerk: Welcome. Do you have a point card or a parking ticket?

Ikeda: Yes, I have. Here you go.

Store clerk: Thank you. If you purchase over 2,000 yen, you will get 2 hours of free parking.

Store clerk: Do you want the books covered?

Ikeda: Yes, please.

Store clerk: Is it okay if I cover all five books?

Ikeda: Just these two books, please.

Store clerk: I got it.

単語

イラストを見ながら、本屋（書店）で使う単語を練習しましょう。 🔊 4-19

1. 語学
2. 歴史
3. 洋書
4. 新聞
5. 雑誌
6. 付録
7. 小説
8. 絵本
9. レシピ本
10. ガイドブック
11. ロングセラー

1 language	2 history	3 Western books
4 newspaper	5 magazine	6 appendix
7 novel	8 picture book	9 recipe book
10 guidebook	11 longtime best seller	

ミニクイズ　（　）に入ることばを選んでください。

Q1 こちらの小説は（　　　）です。
1. 在庫切れ　2. 在宅切れ　3. 在職切れ

Q2 こちらに（　　　）はおかけしますか？
1. レシピ　2. ガイドブック　3. カバー

答え → Q1 ❶　Q2 ❸

便利な表現 / Useful Expressions 🔊 4-20

この本は来月発売される予定です。
This book is scheduled to be released next month.

在庫がないので、お取り寄せしましょうか？
We don't have it in stock, so would you like us to order it?

その本は絶版です。
That book is out of print.

当店では洋書を取り扱っておりません。
Our store does not handle foreign books.

その本の著者名はわかりますか？
Do you know the author's name of the book?

本のジャンルは何ですか？
What is the genre of the book?

本のタイトルが思い出せません。
I can't remember the title of the book.

--- ミニコラム ---

日本の本には「単行本」と「文庫本」の2種類ある本があります。文庫本は単行本よりサイズが小さくて、値段も安いです。

There are two types of Japanese books: hardcover books and paperback books. Paperback books are smaller in size and cheaper than the hardcover books.

Lesson 6

買い物

プレゼント用のコスメを買う

Buying cosmetics for gifts

基本フレーズ

堺さんはプレゼント用のコスメを買います。
基本フレーズを確認しましょう。

 4-21

堺

1 アイライナーを探しています。
I'm looking for an eyeliner.

堺

2 どんなタイプがありますか？
What types do you have?

堺

3 プレゼント用です。
It's for a gift.

フレーズのミニ解説

基本フレーズの表現やポイントを確認しましょう。

1 Aを探しています。

買いたいもの（A）が店のどこにあるかわからないときに使える表現です。他にも「Aはどこにありますか？」や「Aはありますか？」と聞くことができます。

This is an expression you can use when you don't know where the item (A) you want to buy is located in the store. You can also ask like "'A' wa doko ni arimasu ka (where is 'A')?" and "'A' wa arimasu ka (do you have 'A')?".

2 どんなAがありますか？

化粧品にはリキッドやパウダーなど、いろいろな種類があります。種類や色を聞くときに使える表現です。

例 どんな色がありますか？

There are many different types of cosmetics, including liquids and powders. This expression can be used when asking about types or colors.

Example What colors do you have?

3 プレゼント用です。

会計するときに、「ご自宅用ですか？」と聞かれることがあります。これはラッピングが必要かどうかを聞いています。「ご自宅用」は自分用なのでラッピングは必要ないという意味です。「プレゼント用」と言えば、お店の人がラッピングしたり、リボンをつけたりしてくれます。

When you pay the bill, you may be asked "gojitaku yoo desu ka (is it for yourself)?". This is asking you if wrapping is necessary. "Gojitaku yoo" means that wrapping is not necessary because it is for yourself. If you say "purezento yoo (for a gift)," the store staff will wrap it for you and add a ribbon to it.

SCENE 4　買い物

基本フレーズに注目しながら店員さんと堺さんの会話を聞いてみましょう。

堺： すみません、アイライナーを探しているんですけど……。

店員：アイライナーでしたらこちらにございます。

堺： どんなタイプがありますか？

店員：そうですね、こちらの棚はペンシルタイプで、上の棚はリキッドタイプです。

堺： じゃあこのペンシルタイプのブラックください。

店員：かしこまりました。
ご自宅用ですか？

堺： いえ、プレゼント用でお願いします。

店員：かしこまりました。
リボンのお色が青と赤とピンクからお選びいただけます。

堺： じゃあ赤でお願いします。

店員：かしこまりました。
ラッピングに少しお時間をいただきますので、左側のカウンターでお待ちください。

Sakai:	Excuse me, I'm looking for an eyeliner.
Store clerk:	Eyeliners are here.
Sakai:	What types do you have?
Store clerk:	Well, this shelf has pencil type, and the upper shelf has liquid type.
Sakai:	Please give me this pencil type in black.
Store clerk:	Certainly. Is it for yourself?
Sakai:	No, it's for a gift.
Store clerk:	Understood. You can choose the color of the ribbon from blue, red, or pink.
Sakai:	Then, red please.
Store clerk:	Sure. It will take some time for wrapping, so please wait at the counter on the left.

単語

イラストを見ながら、化粧品の名前を練習しましょう。 🔊 4-23

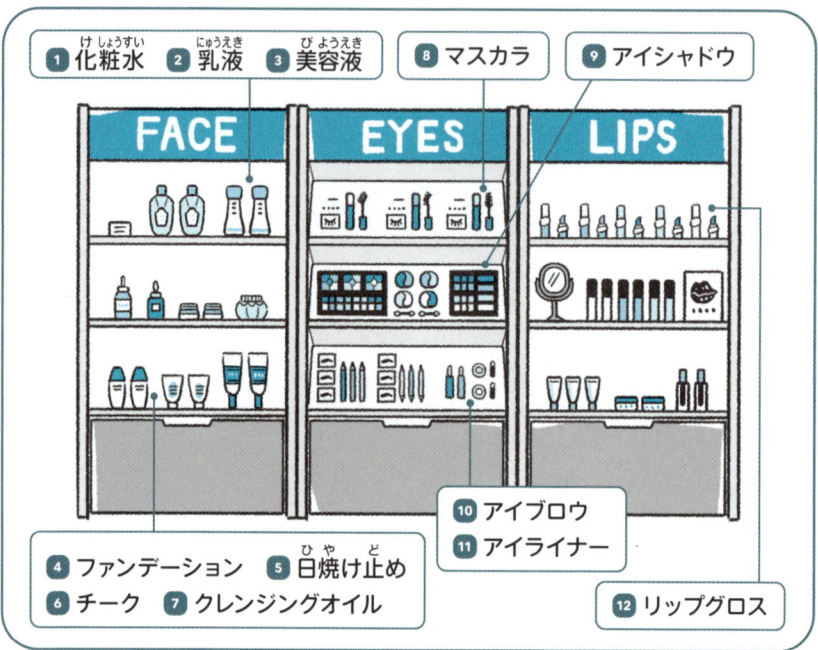

1. 化粧水
2. 乳液
3. 美容液
4. ファンデーション
5. 日焼け止め
6. チーク
7. クレンジングオイル
8. マスカラ
9. アイシャドウ
10. アイブロウ
11. アイライナー
12. リップグロス

---

1. lotion
2. emulsion
3. beauty serum
4. foundation
5. sunscreen
6. blush
7. cleansing oil
8. mascara
9. eye shadow
10. eyebrow
11. eyeliner
12. lip gloss

ミニクイズ （　）に入ることばを選んでください。

Q1 このブランドのチークを（　　　）んですけど、見つからなくて…
① 叩いてる　② 触ってる　③ 探してる

Q2 こちらの化粧品はプレゼント（　　　）ですか？
① 間　② 用　③ 事

答え → Q1 ❸　Q2 ❷

便利な表現
Useful Expressions

 4-24

プレゼント用に包装（ラッピング）してもらえますか？
Can you wrap it as a gift?

値段をとって（消して）もらえますか？
Can you please take off (delete) the price?

別の袋に入れてもらえますか？
Can you put it in another bag?

試供品はありますか？
Do you have free samples?

乾燥肌向けのファンデーションがほしいです。
I want a foundation for dry skin.

オイリー肌向けの化粧下地はどれですか？
Which makeup base is suitable for oily skin?

別料金になりますが、箱にお入れすることもできます。
You can also put it in a box for an additional charge.

― ミニコラム ―

ラッピングにはいろいろな種類があって、簡易的なものなら無料のお店もありますが、きれいな袋や箱に入れる場合は有料のお店が多いです。

There are many different types of wrapping, and some stores may offer simple wrappings for free. But if you want to put the item in a beautiful bag or box, there is often a charge.

SCENE 4　買い物

Lesson 7

買い物

お店からお土産を送る

Sending a souvenir from a store

基本フレーズ　伊藤さんはお店からお土産を送ります。
基本フレーズを確認しましょう。  4-25

伊藤

1 このお菓子を
送りたいです。
I want to send this snack.

伊藤

2 最短で何日に
届きますか？
When is the earliest delivery date?

伊藤

3 伝票を
書き終わりました。
I have filled out the slip.

フレーズのミニ解説

基本フレーズの表現やポイントを確認しましょう。

1 このお菓子を送りたいです。

お土産などを配送したいときに使うフレーズです。他にも「配送お願いします」と言うことができます。海外発送に対応していないところも多いので、「海外に送れますか？」と聞いてみましょう。

This phrase is used when you want to send souvenirs or other items. Another way to ask for delivery is "haisoo onegai shimasu (please ship this)." Many stores do not support international shipping, so you can ask "kaigai ni okuremasu ka (can you ship this overseas)?".

2 最短で何日に届きますか？

これは「1番短い時間ならいつ届きますか？」という意味です。

例 1番大きい＝最大／1番小さい＝最小／1番多い＝最多／1番長い＝最長

This phrase means "When will it arrive at the earliest?"

Example Biggest/Largest = saidai　　Smallest = saishoo
　　　　　　Greatest number = saita　　Longest = saichoo

3 伝票を書き終わりました。

「伝票」のことを「送り状」とも言います。「動詞ます形＋終わる」で「〜することが終わる」という意味です。ある行動が終わるときに使います。

例 この小説は昨日読み終わった。
　　　映画を見終わったら、掃除をしよう。

A "slip" is called an "okurijoo (invoice)." "Masu-form of verbs + owaru" means "finish doing." It is used when an action comes to an end.

Example I finished reading this novel yesterday.
　　　　　　After I finish watching the movie, I'll clean it up.

会話文

基本フレーズに注目しながらお土産屋の店員さんと伊藤さんの会話を聞いてみましょう。

🔊 4-26

伊藤：すみません、このお菓子を送りたいんですけど……。

店員：ご配送ですね。かしこまりました。
　　　ご希望のお届け日はありますか？

伊藤：最短で何日に届きますか？

店員：来週の月曜日ですので、8月3日になります。

伊藤：わかりました。じゃあそれでお願いします。

店員：承知しました。
　　　それではこちらの伝票をお書きください。

（数分後）

伊藤：すみません、伝票を書き終わりました。

店員：ありがとうございます。
　　　お届けのご希望時間はございますか？

伊藤：特にありません。

店員：かしこまりました。
　　　それでは、送料が1,000円で合計3,640円でございます。
　　　小分け用の袋はおつけしますか？

伊藤：じゃあ2枚、箱に入れてください。

動画でチャレンジ！

会話文

Ito: Excuse me, I want to send this snack.

Store clerk: Delivery, right? Certainly.
Do you have any preferred delivery date?

Ito: When is the earliest delivery date?

Store clerk: It will be the Monday of the next week, so August 3rd.

Ito: Ok. Then, that date will be fine.

Store clerk: Got it. Then, please fill in this slip.

(After a few minutes)

Ito: Excuse me, I have filled out the slip.

Store clerk: Thank you.
Do you have a desired delivery time?

Ito: Not particularly.

Store clerk: Ok. Then, the shipping cost is 1,000 yen, for a total of 3,640 yen.
Do you need some extra bags?

Ito: Well, please put two bags in the box.

単語

イラストを見ながら、物を送るときに使う単語を練習しましょう。 🔊 4-27

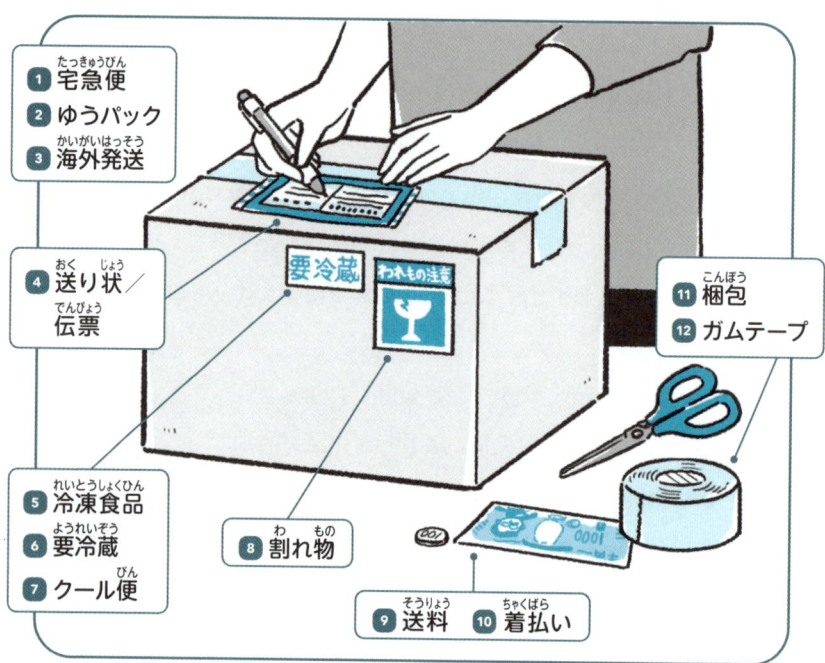

1. 宅急便
2. ゆうパック
3. 海外発送
4. 送り状／伝票
5. 冷凍食品
6. 要冷蔵
7. クール便
8. 割れ物
9. 送料
10. 着払い
11. 梱包
12. ガムテープ

1 courier service	2 Yu-pack	3 international shipping
4 invoice/slip	5 frozen food	6 keep refrigerated
7 cool delivery	8 fragile items	9 shipping cost
10 pay-on-delivery	11 packing	12 duct tape

ミニクイズ ―（　）に入ることばを選んでください。―

Q1 この冷凍食品を自宅に（　　　）で送りたいです。
　① 送料　② 送り状　③ 着払い

Q2 海外発送だと、（　　　）何日に届きますか？
　① 最短で　② 最強で　③ 最新で

答え → Q1 ③　Q2 ①

便利な表現
Useful Expressions 🔊 4-28

おところとお名前、お電話番号をご記入ください。
Please fill in your address, name, and phone number.

送料はいくらですか？
How much is the shipping cost?

ビンなどの割れやすいものはありますか？
Are there any items that break easily, such as bottles?

郵便番号がわからないので調べてもらえませんか？
I don't know the postal code, so could you look it up for me?

もう少し大きい箱で送ってもらえませんか？
Can you send it in a bigger box?

冷凍で送る場合は300円の追加料金がかかります。
If sending frozen items, there will be an additional charge of 300 yen.

ミニコラム

郵便番号がわからないときは、ネットで調べることができます。知りたい郵便番号の住所と郵便番号を入力して検索するとわかります。

例 東京都 港区芝公園 4-2-8　郵便番号

If you don't know your postal code, you can look it up online. You can find out the postal code you want to know by entering the address and the term "yuubin bangoo (postal code)."

Lesson 8 買い物

持ち帰り用のケーキを買う

Buying cakes for take-out

ケーキ屋で店員さんと話します。
基本フレーズを確認しましょう。

🔊 4-29

基本フレーズ

❶ 保冷剤はおつけしますか？
Do you need ice packs?

店員

❷ お持ち歩きのお時間はどれくらいかかりますか？
How long will it take for you to bring the cake home?

店員

❸ おかけになってお待ちください。
Please have a seat and wait a moment.

店員

フレーズのミニ解説

基本フレーズの表現やポイントを確認しましょう。

1 Aはおつけしますか？

店員さんがお客さんに保冷剤やお箸などが必要かどうか聞くときに使うフレーズです。

> **例** スプーンはいくつおつけしますか？

This phrase is used by store staff when asking customers if they need ice packs, chopsticks, etc.

Example How many spoons would you like?

2 お持ち歩きのお時間はどれくらいかかりますか？

冷たいものを買ったときに保冷剤をつけてくれます。保冷剤がいくつ必要か確認するために、お店から買ったものを持っていく場所まで、どのくらい時間がかかるか聞くときに使うフレーズです。保冷剤は有料のお店もあります。

When you buy something cold, the ice packs will be put on top of it. This phrase is used when asking how long it will take to get from the store to the place where you will take the items you bought in order to confirm how many ice packs you need. Some stores charge for the ice packs.

3 おかけになってお待ちください。

「おかけになってください」は「座ってください」という意味です。つまり、このフレーズの意味は「(椅子に) 座って待ってください」という意味です。

"Okakeni natte kudasai" means "Please sit down." In other words, this phrase means, "Please have a seat (on the chair) and wait a moment."

会話文

基本フレーズに注目しながらケーキ屋の店員さんと松本さんの会話を聞いてみましょう。

 4-30

店員：いらっしゃいませ。
　　　ご注文はお決まりですか？
松本：はい。ショートケーキ1個とチーズケーキ1個ください。
店員：かしこまりました。保冷剤はおつけしますか？
松本：はい、お願いします。
店員：お持ち歩きのお時間はどれくらいかかりますか？
松本：1時間です。
店員：かしこまりました。では、お会計950円でございます。
松本：クレジットカードでお願いします。
店員：差し込みかタッチをお願いいたします。
　　　ケーキをご用意いたしますので、おかけになってお待ちください。

— English —

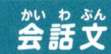

Store clerk: Welcome.
Are you ready to order?
Matsumoto: Yes. One sponge cake and one cheesecake, please.
Store clerk: Certainly. Do you need ice packs?
Matsumoto: Yes, please.
Store clerk: How long will it take for you to bring the cake home?
Matsumoto: About one hour.
Store clerk: Ok. The total would be 950 yen.
Matsumoto: I'll pay by credit card.
Store clerk: Please touch or insert your card.
I will prepare the cakes, so please have a seat and wait a moment.

単語 イラストを見ながら、お菓子（デザート）の名前を練習しましょう。 🔊 4-31

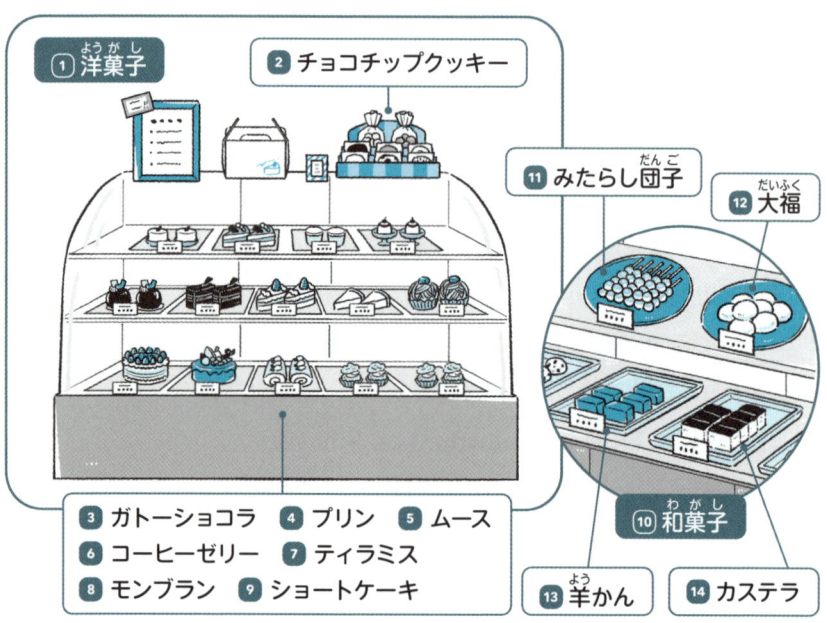

① 洋菓子
② チョコチップクッキー
③ ガトーショコラ
④ プリン
⑤ ムース
⑥ コーヒーゼリー
⑦ ティラミス
⑧ モンブラン
⑨ ショートケーキ
⑩ 和菓子
⑪ みたらし団子
⑫ 大福
⑬ 羊かん
⑭ カステラ

① Western sweets	② chocolate chip cookie	③ gâteau chocolate
④ pudding	⑤ mousse	⑥ coffee jelly
⑦ tiramisu	⑧ Mont Blanc cake	⑨ sponge cake
⑩ Japanese sweets	⑪ mitarashi dumpling	⑫ daifuku
⑬ yokan	⑭ castella	

―ミニクイズ― （　）に入ることばを選んでください。

Q1 こちらのティラミスにスプーンは（　　）か？
　❶ おつけします　❷ お届けします　❸ お預かりします

Q2 こちらのプリンの（　　）のお時間はどれくらいかかりますか？
　❶ お持て歩き　❷ お持ち歩き　❸ お持ち走り

答え→ Q1 ❶　Q2 ❷

便利な表現
Useful Expressions
 4-32

シフォンケーキはありますか？
Do you have chiffon cakes?

グルテンフリーのケーキはありますか？
Do you have gluten-free cakes?

卵を使っていないケーキはどれですか？
Which cake doesn't use eggs?

誕生日用のホールケーキはありますか？
Do you have a whole birthday cake?

誕生日プレートをつけてもらえませんか？
Could you add a birthday message plate?

誕生日プレートに名前を書いてもらえませんか？
Could you write a name on the birthday message plate?

ろうそくをつけてもらえますか？
Can I get some candles?

本日中にお召し上がりください（召し上がってください）。
Please consume it within today.

ミニコラム

カットされていないケーキをホールケーキと言い、1台2台3台…と数えます。カットされたケーキのことは「1切れ」や「1ピース」「1個」と数えます。注文するときは「1個」や「ひとつ」と言うことが多いです。

A cake that has not been cut is called "hooru keeki (whole cake)," and is counted as ichi-dai (1), ni-dai (2), san-dai (3), etc. One cut cake is counted as "hito kire," "ichi piisu," or "ik-ko." When ordering, we often say "ik-ko" or "hitotsu."

Lesson 9 買い物

免税店で買い物をする
Shopping at a tax-free shop

基本フレーズ

アロムさんは免税店で買い物をします。誰が話しているかに注目しながら、基本フレーズを確認しましょう。

🔊 4-33

アロム

1 この時計は免税になりますか？
Is this watch tax free?

2 本日お買い上げいただいた商品のみ免税の対象となります。
Only items purchased today are tax-free eligible.

店員

アロム

3 やらなきゃいけないことはありますか？
Is there anything I have to do?

フレーズのミニ解説

基本フレーズの表現やポイントを確認しましょう。

1 Aは免税になりますか？

買ったもの（A）が免税になるかどうか聞くときのフレーズです。他にも免税のルールについて質問したい場合は、「いくら以上で免税になりますか？」「いくらまで免税になりますか？」と聞いてみましょう。

This phrase is used when asking if something (A) you bought will be tax free. If you want to ask other questions about tax exemption rules, try asking like "ikura ijoo de menzei ni narimasu ka (what is the minimum amount I have to spend to get tax free)?" or "ikura made menzei ni narimasu ka (how much can I get tax free)?".

2 Aのみ免税の対象となります。

Aには名詞が入ります。「のみ」は「だけ」の意味です。ここではA以外は免税できない、という意味になります。

例 お支払いは現金のみとなっております。

"A" is a noun. "Nomi" means "only." In this case, it means that only "A" is tax exempt.

Example Payment is by cash only.

3 やらなきゃいけないことはありますか？

「やらなきゃいけないことはありますか？」は「しなければいけないことがありますか？」の話し言葉です。具体的な動詞を入れて文章を作ることもできます。

例 持っていかなきゃいけないものはありますか？

"Yaranakya ikenai koto wa arimasu ka?" is a spoken language for "shinakereba ikenai koto ga arimasu ka?". You can also make this sentence by adding specific verbs.

Example Is there anything I have to bring?

会話文

基本フレーズに注目しながら免税店の店員さんとアロムさんの会話を聞いてみましょう。 🔊 4-34

アロム：すみません、どこで免税の手続きができますか？

店員：はい。こちらで承ります。

アロム：あの、この時計は免税になりますか？

店員：はい。免税の対象でございます。

アロム：あと、このネックレスは昨日買ったんですけど、これは免税になりますか？

店員：お客様、大変申し訳ございませんが、本日お買い上げいただいた商品のみ免税の対象となります。

アロム：わかりました。

店員：パスポートとレシートを拝見します。こちらの書類にご署名お願いいたします。こちらの商品は出国するまで開封しないでください。

アロム：わかりました。空港で何かやらなきゃいけないことはありますか？

店員：はい。出国するときに、税関で必ずパスポートをご提示ください。

動画でチャレンジ！

── English ──

 会話文

Arom: Excuse me, where can I apply for tax free?

Store clerk: Yes, you can do it here.

Arom: Um, is this watch tax free?

Store clerk: Yes, it is.

Arom: Also, I bought this necklace yesterday, is it also tax free?

Store clerk: We're very sorry, but only items purchased today are tax-free eligible.

Arom: Understood.

Store clerk: May I have your passport and your receipt, please? Please sign this document. Please do not open this product until you leave the country.

Arom: I understand.
Is there anything I have to do at the airport?

Store clerk: Yes. Please be sure to show your passport at customs when you are leaving the country.

単語

イラストを見ながら、免税店で使う単語を練習しましょう。 🔊 4-35

1. 電化製品
2. 炊飯器
3. 衣類
4. 時計
5. 対象外
6. 免税品
7. 化粧品
8. 食品
9. 香水
10. 商品
11. レシート
12. 消費税

- ① electrical appliance
- ② rice cooker
- ③ clothes
- ④ watch
- ⑤ not eligible
- ⑥ duty-free item
- ⑦ cosmetics
- ⑧ food
- ⑨ perfume
- ⑩ item
- ⑪ receipt
- ⑫ consumption tax

ミニクイズ ―（　）に入ることばを選んでください。

Q1 炊飯器は（　　）の対象になりますか？
　① 所得税　② 消費税　③ 免税

Q2 レシートをとって（　　）いけないですか？
　① おかなきゃ　② おきなきゃ　③ おけなや

答え → Q1 ③　Q2 ①

便利な表現
Useful Expressions
🔊 4-36

ここでは免税で買い物ができますか？
Can I shop tax free here?

免税の条件は何ですか？
What are the conditions for tax free?

こちらでは免税の手続きができません。
We do not offer tax-free purchases.

パスポートのコピーでは対応できません。
A copy of your passport will not be accepted.

商品を開封したら、出国時に課税される可能性があります。
If you open the items, you may be taxed when you are leaving the country.

免税の手続きをされますか？
Would you like to be tax free?

— ミニコラム —

ドン・キホーテやマツモトキヨシのようなドラッグストアでは免税手続きをしてくれる店舗が多いです。また「免税カウンター」や「カスタマーカウンター」で免税の手続きをしてくれるデパートもあります。

Many drugstores such as Don Quijote and Matsumotokiyoshi offer tax-free purchases. Some department stores also offer tax-free purchases at their "tax free counters" or "customer counters."

もっと便利な表現
More Useful Expressions

🔊 4-37

コピー機の使い方を教えてもらえませんか？
Can you show me how to use the copier?

1つご購入でもう1つ無料でプレゼントいたします。
Buy one and get one free.

3,000円以上ご購入いただくと次回使えるクーポン券を差し上げます。
If you purchase over 3,000 yen, we will give you a coupon that can be used next time.

こちらは割れやすいので気をつけてお持ちください。
This can easily tear, so please handle with care.

別々に包んでもらえますか？
Can you wrap them separately?

面接にはどんなネクタイがいいと思いますか？
What kind of tie do you think is best for the interview?

ジェルタイプのクレンジングはありますか？
Do you have any gel type cleansing products?

敏感肌でも使える保湿クリームはありますか？
Do you have any moisturizing cream that can be used on sensitive skin?

アンチエイジングにおすすめのフェイスマスクはどれですか？
Which face masks do you recommend for anti-aging?

（送る荷物の）中身はなんですか？
What are the contents (of the package you are sending)?

SCENE 5

趣味・余暇

みなさんが日本で観光したり、遊びに行くときに使う会話を学びましょう。単語や表現をどんどん増やして、いろいろなところに行ってみましょう！

Learn the conversations that you will use when sightseeing or going out for fun in Japan. Increase your vocabulary and expressions, and then go to different places to use them!

HOBBIES AND LEISURE

Lesson 1

趣味・余暇

水族館でチケットを買う

Buying tickets at the aquarium

基本フレーズ

木村さんは水族館のチケットを買います。基本フレーズを確認しましょう。

 5-1

木村

1 水族館のチケットはどこで買えますか？

Where can I buy tickets for the aquarium?

木村

2 通常チケットとパークチケットの違いは何ですか？

What is the difference between regular tickets and park tickets?

木村

2 大人3枚と子供1枚ください。

Please give me 3 tickets for adults and 1 for a child.

フレーズのミニ解説

基本フレーズの表現やポイントを確認しましょう。

1 Aはどこで買えますか？

ほしいもの（A）がどこで買えるか質問するときに使うフレーズです。

例 この水族館限定のTシャツはどこで買えますか？

This phrase is used when asking where you can buy something (A) you want.

Example Where can I buy a T-shirt that is only available at the aquarium?

2 AとBの違いは何ですか？

いろいろな種類のチケットがあるテーマパークもあります。AとBにはどんな違いがあるのか聞くときに使うフレーズです。食べ物についても聞くことができます。

例 うどんとそうめんの違いは何ですか？

Some theme parks offer a variety of tickets. This phrase is used to ask what the difference is between A and B. You can also ask about food.

Example What is the difference between udon and soomen?

3 大人3枚と子供1枚ください。

チケットは「1枚」「2枚」「3枚」「4枚」「5枚」と数えます。「枚」は紙や皿など、うすいものを数えるときに使います。

例 取り皿を3枚ください。

Tickets are counted as "ichi-mai," "ni-mai," "san-mai," "yon-mai," and "go-mai." The expression "~mai" is used to count flat items such as paper and plates.

Example Please give me three extra plates.

SCENE 5 趣味・余暇

会話文

基本フレーズに注目しながら水族館のスタッフさんと木村さんの会話を聞いてみましょう。 🔊 5-2

木村： すみません、水族館のチケットはどこで買えますか？

スタッフ：ここをまっすぐ行くとチケット売り場と書いてある看板が見えますので、そちらでご購入ください。

木村： わかりました。ありがとうございます。

チケット売り場

木村： すみません、水族館のチケットを買いたいんですけど、通常チケットとパークチケットの違いは何ですか？

スタッフ：通常チケットは水族館のみとなります。
パークチケットはお隣の動物園もお楽しみいただけます。

木村： じゃあパークチケットで、大人3枚と子供1枚ください。

スタッフ：かしこまりました。
大人3枚と子供1枚で合計6,800円になります。

木村： あの、英語のガイドマップはありますか？

スタッフ：はい、ございます。こちらです。

木村： ありがとうございます。

動画でチャレンジ！

会話文

Kimura: Excuse me, where can I buy tickets for the aquarium?
Staff: If you go straight from here, you will see a sign that says, "Ticket Office," so please purchase your tickets there.
Kimura: Ok. Thank you.

At the ticket counter

Kimura: Excuse me, I want to buy tickets for the aquarium, but what is the difference between regular tickets and park tickets?
Staff: Regular tickets are only for the aquarium. With the park tickets, you can enjoy the zoo next to the aquarium.
Kimura: Then, please give me the park tickets, for three adults and one child.
Staff: Certainly. Three adult tickets and one child ticket will be 6,800 yen in total.
Kimura: Well, do you have an English guide map?
Staff: Yes, we do. Here it is.
Kimura: Thank you.

単語

イラストを見ながら、水族館で使う単語を練習しましょう。 🔊 5-3

1. イルカ
2. ペンギン
3. クラゲ
4. カメ
5. ショー
6. チケット売り場
7. 入場料
8. 水槽
9. 展示室
10. 館内マップ
11. 年間パスポート

1 dolphin	2 penguin	3 jellyfish
4 turtle	5 show	6 ticket office
7 admission fee	8 water tank	9 exhibition room
10 floor map	11 annual pass	

―ミニクイズ― （　）に入ることばを選んでください。

Q1 年間パスポートは（　　　）買えますか？
　① どこは　② どこで　③ どこを

Q2 イルカのショーのチケットを（　　　）ください。
　① 2枚　② 2皿　③ 2冊

答え → Q1 ②　Q2 ①

便利な表現
Useful Expressions

🔊 5-4

チケットはこちらの自動券売機でご購入ください。
Please purchase tickets from this automatic ticket machine.

券売機にお金を入れたのに、チケットが買えません。
I put money into the ticket machine, but I can't buy a ticket.

このチケットは当日しか使えませんか？
Can this ticket only be used on the day?

イルカのショーは予約が必要ですか？
Do I need to make a reservation for the dolphin show?

コインロッカーはありますか？
Do you have lockers?

年間パスポートはありますか？
Do you have an annual pass?

学生割引はありますか？
Can I get a student discount?

=== ミニコラム ===

動物を数えるときは匹や頭を使うことが多いです。例えば、ゾウやパンダは「頭」を使います。

When counting animals, we often use "hiki" or "too" after the number. For example, elephants and pandas are counted with "too."

Lesson 2

趣味・余暇

動物園内の注意事項を聞く

Listen to the precautions in the zoo

基本フレーズ

動物園のスタッフが話しています。
基本フレーズを確認しましょう。

🔊 5-5

1 食べ物を与えたり、見せたりしないでください。

Please do not feed or show foods (to the animals).

スタッフ

2 かばんの中を確認させていただくことがあります。

We may check the contents of your bag.

スタッフ

3 責任を負いかねます。

We cannot be held responsible.

スタッフ

フレーズのミニ解説

基本フレーズの表現やポイントを確認しましょう。

1 食べ物を与えたり、見せたりしないでください。

「〜たり」は、1つの文章の中で2つ以上の行動を言いたいときに使います。「動詞た形」に「り」をつけて作ります。

The expression "~tari" is used when you want to express two or more actions in one sentence. It is made by "–ta form of verbs + ri."

2 かばんの中を確認させていただくことがあります。

「〜させていただく」は「〜させてもらう」を丁寧に言うときに使います。この動作を実際にするのはこのセリフを言った人です。

> 例 こちらのペンを使わせていただけますか？
> （ペンを使いたいのはこの文章を言った人）

"~sasete itadaku" is a polite expression for "~sasete morau." The person who actually does this action is the person who said this line.

> Example May I use this pen? (The person who wants to use the pen is the person who said this sentence.)

3 責任を負いかねます。

「動詞ます形＋かねる」は「〜したくてもできない」という意味です。能力について言うときには使えません。

> 例 ○この質問にはお答えいたしかねます。（答えることができません）
> ✕私は日本語が話しかねる。→ ○私は日本語が話せません。

"Masu-form of verbs + kaneru" expresses the idea that "I want to do something but I can't." This expression cannot be used to talk about abilities.

> Example We are sorry, but we are unable to answer this question. (We cannot answer)
> I cannot speak Japanese.

会話文

基本フレーズに注目しながら動物園のスタッフさんの話を聞いてみましょう。

 5-6

スタッフ：みなさん、こんにちは！

あかね的日本語動物園へようこそ。

これから注意事項を５つ話します。必ずお聞きください。

①動物に**食べ物を与えたり、見せたり**しないでください。
②園内での飲酒はご遠慮ください。
③事故を防ぐために、**かばんの中を確認させていただく**ことがあります。
④フラッシュを使用した撮影はご遠慮ください。
⑤お客様ご自身の不注意による怪我や盗難については、**責任を負いかねます。**

ご協力よろしくお願いします。

 会話文

Staff: Hello everyone!
Welcome to Akane's Japanese Zoo.
I will now tell you five things to keep in mind. Please be sure to listen.

①Please do not feed or show foods to the animals.
②Please refrain from drinking alcohol in the park.
③We may check the contents of your bag to prevent accidents.
④Please refrain from taking photos with flash.
⑤We cannot be held responsible for any injuries or theft caused by your own negligence.

We kindly ask for your cooperation.

単語

イラストを見ながら、動物園で使う単語を練習しましょう。

🔊 5-7

1. えさやり体験
2. 象
3. 馬
4. 羊
5. パンダ
6. ライオン
7. ゴリラ
8. ふれあいコーナー
9. 鹿
10. カバ

1 feeding experience	2 elephant	3 horse
4 sheep	5 panda	6 lion
7 gorilla	8 petting corner	9 deer
10 hippopotamus		

ミニクイズ ―（　　）に入ることばを選んでください。

Q1 パンダにえさを与え（　　）、見せ（　　）しないでください。
　① たら　　② たり　　③ れば

Q2 ふれあいコーナーでは、人数を制限（　　）ことがあります。
　① させてられる　② させられていただく　③ させていただく

答え → Q1 ②　Q2 ③

便利な表現
Useful Expressions

🔊 5-8

ここで写真を撮ってSNSに投稿してもいいですか？
Can I take photos here and post them on social media?

ゴミの分別にご協力お願いします。
Please help by separating your trash.

えさやり体験は何時からですか？
What time does the feeding experience start?

持ってきたお弁当を食べる場所はありますか？
Is there a place to eat the lunch I brought?

犬や猫、その他のペットを連れての入園はできません。
Dogs, cats, and other pets are not allowed in the park.

キリンはどこにいますか？
Where are the giraffes?

子供とはぐれてしまいました。
I got separated from my child.

ミニコラム

国内最大級の動物園「よこはま動物園ズーラシア」の面積は45.3haもあります。動物だけではなく、植物や自然環境についても楽しく学べるそうです。

Yokohama Zoological Gardens "ZOORASIA" is one of the largest zoos in Japan, covering an area of 45.3 hectares. You can have fun learning not only about animals, but also about plants and the natural environment.

Lesson 3 旅先でお土産を買う

趣味・余暇

Buying souvenirs while traveling

基本フレーズ

斎藤さんは旅先でお土産を買います。基本フレーズを確認しましょう。

🔊 5-9

斎藤
1. どのくらい日持ちしますか？
How long does it last?

斎藤
2. 賞味期限が1番長いのはどれですか？
Which has the longest best-before date?

斎藤
3. やっぱり3つお願いします。
Then, please give me three.

フレーズのミニ解説

基本フレーズの表現やポイントを確認しましょう。

1 どのくらい日持ちしますか？

「日持ち」というのは食べ物や飲み物が腐ったり、色が変わったりしない期間のことです。
▶ 賞味期限と消費期限の違いはp.154「スーパーで商品を探す」も参考にしてください。

"Himochi" refers to the period of time that a food or drink will last before spoiling or changing color.
▶ For the difference between best-before dates and consume-by dates, see page 154 "Find products at the supermarket"!

2 賞味期限が1番長いのはどれですか？

旅行中に食べ物を買って、家に帰ってから食べるまでに長い時間が経ってしまうことがありますよね。なるべく日持ちがするものを買いたいときに使えるフレーズです。

When you buy food while traveling, it can sometimes be a long time before you can eat it after you get home. This is a phrase you can use when you want to buy food that will last as long as possible.

3 やっぱり3つお願いします。

「やっぱり」にはいろいろな意味があります。ここでの「やっぱり」は意見や選択肢を変えるときの「やっぱり」です。

> **例** すみません、レモンソーダお願いします。やっぱりコーラお願いします。
> → 最初にレモンソーダを注文しました。でもコーラに変更しました。

"Yappari" has many meanings. "Yappari" used here is the one when changing your opinion or choice. It can also be used when ordering at a restaurant.

> **Example** Excuse me, lemon soda, please. Then, I'll have a Coke, please.
> → I ordered a lemon soda first. But I changed it to a Coke.

会話文

基本フレーズに注目しながらお土産屋の
スタッフさんと斎藤さんの会話を聞いてみましょう。

斎藤：　　すみません。
　　　　　この博物館限定生ラーメンはどのくらい日持ちしますか？

スタッフ：えー……こちらは3週間後の2月28日までとなります。

斎藤：　　そうですか。
　　　　　この中で賞味期限が1番長いのはどれですか？

スタッフ：そうですね、こちらのカップ麺でしたら来年の1月までに
　　　　　なります。

斎藤：　　わかりました。
　　　　　じゃあ、この北海道限定みそラーメンを2つ……
　　　　　あ、やっぱり3つお願いします。

スタッフ：かしこまりました。以上でよろしいですか？

斎藤：　　あ、もう少し他の商品も見ていいですか？

スタッフ：かしこまりました。
　　　　　もしよろしければ、こちらのかごにお入れください。

斎藤：　　ありがとうございます。

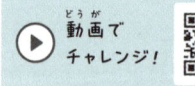

Saito: Excuse me. How long will this museum-exclusive fresh ramen last?

Staff: Um...this one will last until February 28th, three weeks from now.

Saito: I see. Which of these has the longest best-before date?

Staff: Well, for this cup noodle, it will last until January of next year.

Saito: Ok. Then, I'd like two of these Hokkaido-exclusive miso ramen...

Oh, I'd like three after all.

Staff: Certainly. Is that all?

Saito: Oh, can I take a look at some more items?

Staff: Sure.

If you'd like, please add them to this shopping basket.

Saito: Thank you.

単語

イラストを見ながら、お土産屋で使う単語を練習しましょう。

🔊 5-11

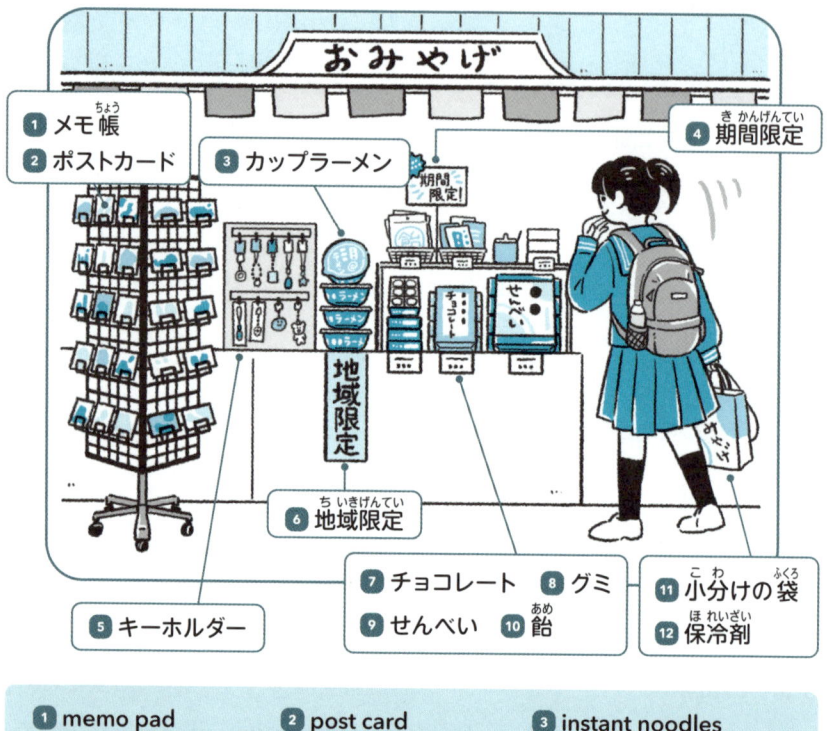

1. メモ帳
2. ポストカード
3. カップラーメン
4. 期間限定
5. キーホルダー
6. 地域限定
7. チョコレート
8. グミ
9. せんべい
10. 飴
11. 小分けの袋
12. 保冷剤

① memo pad	② post card	③ instant noodles
④ time-limited	⑤ key chain	⑥ area-limited
⑦ chocolate	⑧ gummy candy	⑨ rice crackers
⑩ candy	⑪ extra bags	⑫ ice pack

ミニクイズ ―( )に入ることばを選んでください。―

Q1 このチョコレートはどのくらい（　　　）しますか？
① 日持ち　② 日時　③ 日陰

Q2 やっぱり（　　　）2枚お願いします。
① フォーク　② 小分けの袋　③ カップラーメン

答え → Q1 ❶　Q2 ❷

便利な表現
Useful Expressions

 5-12

1週間以上日持ちがするのはどれですか？
Which ones will last longer than a week?

賞味期限が短いのでお早めに召し上がってください。
Please consume as soon as possible due to the short expiration date.

高温多湿を避けて保存してください。
Store away from high temperature and humidity.

必ず冷凍庫で保存してください。
Be sure to store it in the freezer.

解凍後は2日以内に消費してください。
Please consume within two days after thawing.

お渡し用の袋はおつけしますか？
Do you want bags to give them as a gift?

1番人気があるのはどれですか？
Which is the most popular?

ミニコラム

賞味期限や消費期限が終わることを「賞味期限が切れる」「消費期限が切れる」と言います。

When the best-before date or consume-by date will finish, we say that "shoomi kigen ga kireru (best-before date will pass)" or "shoohi kigen ga kireru (consume-by date will pass)."

Lesson 4

趣味・余暇

カラオケのカウンターで受付をする

Reception at the karaoke counter

基本フレーズ カラオケ店でスタッフさんと話します。基本フレーズを確認しましょう。 🔊 5-13

❶ ご利用時間を ご記入ください。
Please fill in the time of your stay.

スタッフ

❷ 1(ワン)ドリンク制と なっております。
One drink order is required.

スタッフ

❸ 身分証明書のご提示を お願いいたします。
Please show me your ID.

スタッフ

フレーズのミニ解説

基本フレーズの表現やポイントを確認しましょう。

1　Aをご記入ください。

「ご記入ください」は「書いてください」という意味です。Aには書いてほしいことが入ります。

> **例**　お名前をフルネームでご記入ください。
> 　　　生年月日をご記入ください。

"Gokinyuu kudasai (fill in)" means "kaite kudasai (write down)." "A" will be filled in with the thing that you want someone to write.

Example　Please write your full name.
　　　　　　Please write your date of birth.

2　1（ワン）ドリンク制となっております。

「1ドリンク制」というのは、必ず1人1杯以上の飲み物を注文しなければならないという意味です。「1オーダー制」と書いてある場合は飲み物か料理を必ず1つ以上注文しなければならないという意味です。

"One drink system" means that each person must order at least one drink. If it is said "one order system," it means that you must order at least one drink or food.

3　Aのご提示をお願いいたします。

「ご提示をお願いいたします」は簡単に言うと「見せてください」という意味です。Aには見せてほしいものが入ります。日本で身分証明書としてよく使われるのは、運転免許証・パスポート・健康保険証などです。

"Goteiji o onegai shimasu (please show me) simply means "misete kudasai (show me)." "A" is the item you want to see. In Japan, commonly used ID include driver's licenses, passports, and health insurance cards.

SCENE 5　趣味・余暇

会話文

基本フレーズに注目しながらカラオケ店のスタッフさんと中島さんの会話を聞いてみましょう。 🔊 5-14

スタッフ： いらっしゃいませ。
こちらの用紙にお名前と人数、年齢、ご利用時間をご記入ください。

中島： わかりました。

スタッフ： ご記入ありがとうございます。
4名様でご利用時間は2時間ですね。
当店は1ドリンク制となっております。
こちらからお飲み物をお選びください。

中島： 角ハイボール2つとウーロンハイ2つで。

スタッフ： かしこまりました。
当店ではアルコールをご注文のお客様全員の身分証明書を確認させていただいております。
身分証明書のご提示をお願いいたします。

スタッフ： ご協力ありがとうございます。
本日のお部屋2階の205になります。
2時間を過ぎますと延長料金が発生します。
終了時間の10分前にお電話いたします。

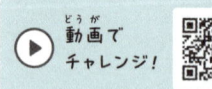

会話文

Staff: Welcome.
Please fill in your name, number of people, age, and the time of your stay on this form.

Nakajima: Ok.

Staff: Thank you for filling it out.
You have four people and the time of your stay is two hours, right?
One drink order is required here. Please choose your drink from here.

Nakajima: Two Kaku highball (whisky soda) and two shochu with oolong tea, please.

Staff: Certainly.
Please show me your ID. We will check the IDs of all customers ordering alcohol.
Please show your IDs.

Staff: Thank you for your cooperation.
Today's room is 205 on the second floor.
After 2 hours, an extension fee will be charged.
We will call you 10 minutes before the end time.

単語

イラストを見ながら、カラオケで使う単語を練習しましょう。 🔊 5-15

1. たこやき　2. マルゲリータピザ
3. ノンアルコール　4. ソフトドリンク
5. フリータイム　6. 会員料金
7. QRコード
8. 身分証明書　9. 免許証
10. 会員証／メンバーズカード

1. Takoyaki　2. Margherita pizza　3. non-alcoholic drink
4. soft drink　5. free time　6. membership fee
7. QR code　8. ID　9. driver's license
10. membership card

ミニクイズ （　）に入ることばを選んでください。

Q1 会員証の裏面にお名前を（　　　）ください。
① ご連絡　② ご記入　③ ご了承

Q2 入店時に身分証明書の（　　　）をお願いいたします。
① ご検討　② ご提示　③ ご参加

答え → Q1 ②　Q2 ②

便利な表現
Useful Expressions

 5-16

平日と週末の料金は同じですか？
Is the price the same on weekdays and weekends?

部屋にマイクは何本ありますか？
How many microphones are there in the room?

DVDプレーヤーを借りることはできますか？
Can I borrow a DVD player?

会員にならないと利用できませんか？
Do I have to be a member to use the facility?

飲み物や食べ物を持ちこむことはできますか？
Can I bring in drinks and food?

リモコンが動きません。
The remote control isn't working.

もっと広い部屋はありますか？
Do you have a larger room?

ミニコラム

日本には1人カラオケ専門店もあります。周りを気にせず、思いっきり好きな歌だけ歌いたい人や1人の時間を楽しみたい人に人気があるそうです。

In Japan, there are also specialty places for enjoying karaoke alone. They are popular among people who want to sing only their favorite songs and enjoy their alone time without worrying about their friends or others.

SCENE 5 趣味・余暇

Lesson 5 カラオケで電話に出る

Answering a phone call at the karaoke place

趣味・余暇

基本フレーズ

佐々木さんと金子さんはカラオケにいます。基本フレーズを確認しましょう。

🔊 5-17

1 1時間延長しない？
How about extending the time for one hour?

佐々木

金子

2 飲み物も頼めばよかった。
I should have ordered a drink too.

金子

3 お酒飲みすぎちゃった。
I've drunk too much.

フレーズのミニ解説

基本フレーズの表現やポイントを確認しましょう。

1　1時間延長しない？

この場合の「動詞ない形＋？」は「～しませんか？」という意味のタメ口です。

例 来週いっしょにカフェに行かない？

"–nai form of verbs + ?" means "how about ~ing?". This is a casual way of talking.

Example How about going to a café with me next week?

2　飲み物も頼めばよかった。

この文章は「飲み物も頼んだほうがよかったのに頼まなかった」という後悔の意味を表します。

例 傘（を）持ってくればよかった。（実際は傘を持ってこなかった）

This sentence expresses regret, such as "I should have ordered a drink, but I didn't."

Example I should have brought an umbrella. (Actually, I didn't bring an umbrella.)

3　お酒飲みすぎちゃった。

「ちゃう」は「～てしまう」の話し言葉です。後悔や残念な気持ちを表したり、何かが完了するときに使います。

"~chau" is a spoken language for "~te shimau." It is used to express regret or disappointment, or when something is completed.

SCENE 5　趣味・余暇

 基本フレーズに注目しながらスタッフさんと
金子さんと佐々木さんの会話を聞いてみましょう。

電話がかかる

金子： もしもし。

スタッフ：お客様、終了のお時間まであと10分でございます。
ご延長はいかがなさいますか？

金子： ちょっと待ってもらえますか？
どうする？延長する？

佐々木： まだ時間あるから1時間延長しない？

金子： わかった、そうしよう。
すみません、1時間延長お願いします。

スタッフ：1時間ですね。かしこまりました。失礼いたします。

金子： あっ……飲み物も頼めばよかった。

佐々木： 私が電話するよ。何にする？

金子： ありがとう。
お酒飲みすぎちゃったから……じゃあ桃ジュースで。

電話をかける

スタッフ：フロントでございます。

佐々木： すみません、グレープフルーツジュースと桃ジュースお願いします。

スタッフ：かしこまりました。お持ちします。

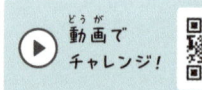

Receive a call

Kaneko: Hello.

Staff: Excuse me, you have 10 minutes left until the end of your stay time. Would you like to extend the time?

Kaneko: Can you wait a moment?
What do we do? Extend the time?

Sasaki: We still have time, so how about extending for one hour?

Kaneko: Okay, let's do that.
Excuse me, please extend the time by one hour.

Staff: One hour, right? Ok. Thank you.

Kaneko: Oh, I should have ordered a drink too.

Sasaki: I'll call them for you. What would you like?

Kaneko: Thanks. I've drank too much, so I want peach juice.

Make a call

Staff: This is reception.

Sasaki: Excuse me, can I order grapefruit juice and peach juice, please?

Staff: Sure. I'll bring it them soon.

単語

イラストを見ながら、カラオケで使う単語を練習しましょう。 🔊 5-19

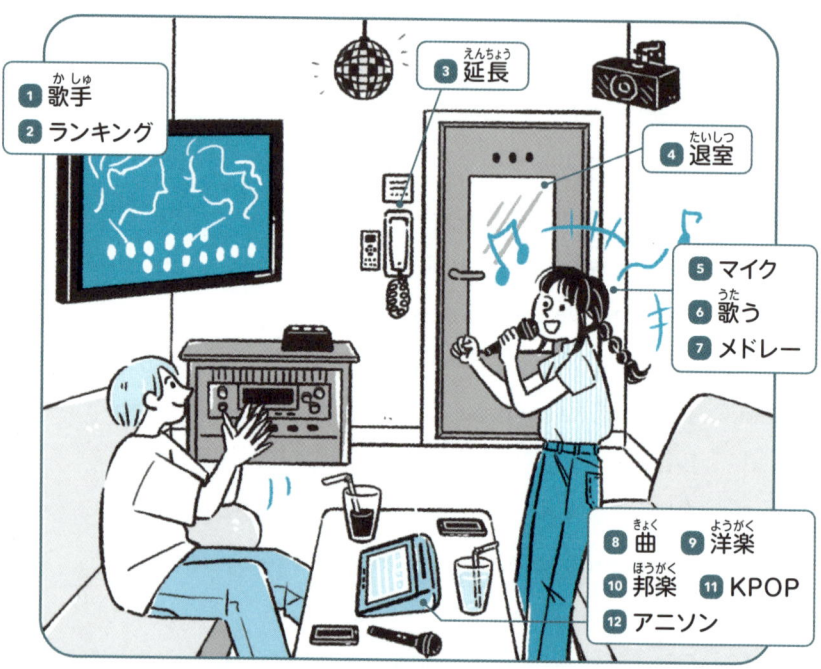

1. 歌手
2. ランキング
3. 延長
4. 退室
5. マイク
6. 歌う
7. メドレー
8. 曲
9. 洋楽
10. 邦楽
11. KPOP
12. アニソン

1 singer	2 ranking	3 extension(of time)
4 leaving the room	5 microphone	6 sing
7 medley	8 song	9 Western music
10 Japanese music	11 K-POP	12 anime song

ミニクイズ　（　）に入ることばを選んでください。

Q1 延長すれば（　　　）。洋楽も歌いたかったのに時間が足りなかった。

① ならない　② よかった　③ ものだ

Q2 のどが痛いな……（　　　）。

① 歌いすぎちゃった　② 歌うべきだった　③ 歌えばよかった

答え → Q1 ❷　Q2 ❶

便利な表現
Useful Expressions

 5-20

トイレに行ってくるね。
I'm going to the bathroom.

次、何歌う？
What will you sing next?

これどうやって使うの？
How do I use this?

歌うまいね！
You sing well!

これ何ていう曲？
What song is this?

曲入れた？
Did you add a song?

この歌詞いいね！
I like these lyrics!

――― ミニコラム ―――

日本のカラオケの料金は1部屋の値段ではなくて、1人〇〇円というところが多いです。

In Japan, the price of karaoke is often not per room, but rather a certain amount per person.

Lesson 6
美容院を予約する
趣味・余暇
Making an appointment at a beauty salon

 基本フレーズ

小林さんは美容院を予約します。
基本フレーズを確認しましょう。

🔊 5-21

小林

1 何時から
営業していますか？
What time do you open?

小林

2 カットとカラーで
お願いします。
I'd like a cut and coloring, please.

小林

3 ちなみに何時ごろ
終わりますか？
By the way, what time can you finish?

フレーズのミニ解説

基本フレーズの表現やポイントを確認しましょう。

1 何時から営業していますか？

お店の営業時間について聞くときのフレーズです。「何時からやっていますか？」などいろいろな聞き方があります。終わる時間を聞くときは「お店は何時までですか？」や「何時に閉まりますか？」と聞くこともできます。

This is a phrase to ask about the business hours of a store. There are various ways to ask, such as "Nanji kara yatte masuka (what time does it open from)?". When asking about the closing time, you can also ask "omise wa nan-ji made desuka (what time does the store open until)?" or "nan-ji ni shimarimasu ka (what time does the store close)?".

2 カットとカラーでお願いします。

美容院のメニューはカタカナがとても多いです。髪を洗うことを「シャンプー」、ブラシを使いながらドライヤーで髪を乾かすことを「ブロー」と言います。

Hair salon menus are often written in katakana. Washing hair is called "shanpuu (shampoo)" and drying hair with a hairdryer while using a brush is called "buroo (blow)."

3 ちなみに何時ごろ終わりますか？

「ちなみに」はもっと情報を聞きたいときや、説明している人が情報を加えたいときによく会話で使う表現です。

例 浴衣の着付けは4,000円です。ちなみに、ヘアセットは別途2,000円かかります。

"Chinamini (by the way)" is an expression often used in conversation when you want to hear more information or when the speaker wants to add more information.

Example The cost of putting on a yukata is 4,000 yen. By the way, hair styling costs an additional 2,000 yen.

会話文

基本フレーズに注目しながら美容師さんと小林さんの会話を聞いてみましょう。 🔊 5-22

美容師：お電話ありがとうございます。
　　　　ヘアサロンAKNでございます。
小林：　すみません、予約したいんですけど……
美容師：かしこまりました。
　　　　お日にちはお決まりですか？
小林：　はい、8月8日で……あの、何時から営業していますか？
美容師：10時からです。
小林：　じゃあ10時からでお願いします。
美容師：かしこまりました。
　　　　メニューはお決まりですか？
小林：　カットとカラーでお願いします。
　　　　ちなみに何時ごろ終わりますか？
　　　　13時から予定があるんです。
美容師：カットとカラーでしたら12時ぐらいには終わると思います。
小林：　わかりました。それなら大丈夫そうです。
美容師：では、お客様のお名前とお電話番号お願いいたします。
小林：　小林です。電話番号は、090-1111-2222です。

動画でチャレンジ！

会話文

Beautician: Thank you for calling.
This is Hair Salon AKN.
Kobayashi: Excuse me, but I would like to make an appointment.
Beautician: Thank you.
Do you have a date decided?
Kobayashi: Yes, it's August 8th…well, what time do you open?
Beautician: From 10:00.
Kobayashi: Then, can I please start from 10:00?
Beautician: Certainly.
What would you like to do?
Kobayashi: I'd like a cut and coloring, please.
By the way, what time can you finish?
I have an appointment starting at 13:00.
Beautician: For a cut and coloring, I think it will be finished around 12:00.
Kobayashi: Ok. It will be fine then.
Beautician: May I have your name and phone number please?
Kobayashi: My name is Kobayashi. My phone number is 090-1111-2222.

単語

イラストを見ながら、美容に関する単語を練習しましょう。

 5-23

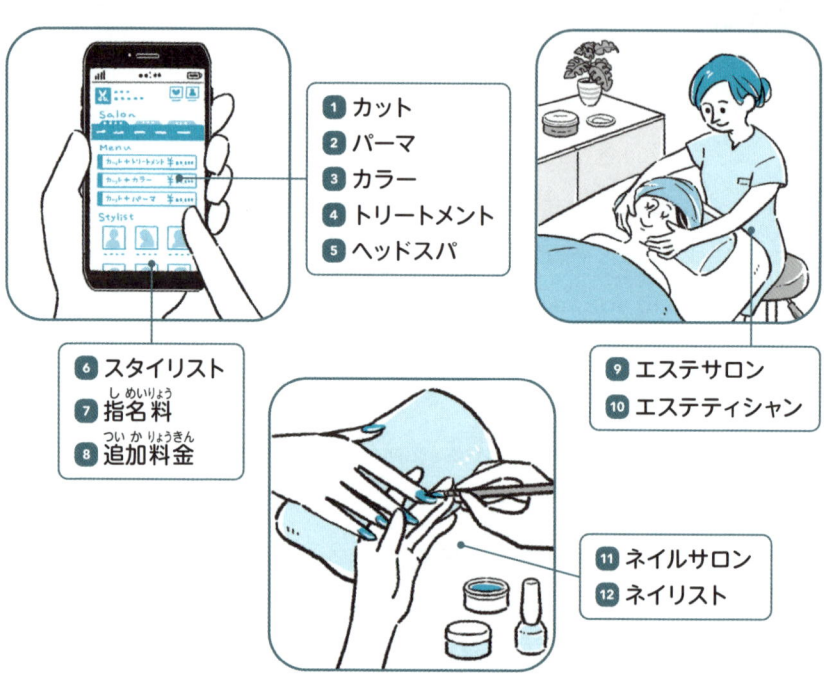

1. カット
2. パーマ
3. カラー
4. トリートメント
5. ヘッドスパ
6. スタイリスト
7. 指名料
8. 追加料金
9. エステサロン
10. エステティシャン
11. ネイルサロン
12. ネイリスト

---

1. cut
2. perm
3. coloring
4. treatment
5. head spa
6. stylist
7. staff reservation fee
8. additional fee
9. esthetic salon
10. esthetician
11. nail salon
12. nail technician

ミニクイズ ( ) に入ることばを選んでください。

Q1 あのネイルサロンは何時から( )していますか？
1. 経済　2. 計画　3. 営業

Q2 追加料金がかかるんですね。( )いくらかかりますか？
1. ちっとも　2. ちなみに　3. まことに

答え → Q1 ❸　Q2 ❷

便利な表現 Useful Expressions

当店のご利用は初めてですか？
Is this your first time coming to our salon?

担当者のご指名はありますか？
Would you like a specific stylist?

女性／男性の方にお願いしたいです。
I would prefer a female/male stylist.

週末で予約できる時間はありますか？
Do you have a time slot available on the weekend?

今週の日曜日の13時は空いていますか？
Are you available this Sunday at 13:00?

申し訳ありません。その日は予約でいっぱいです。
I'm sorry, we're fully booked that day.

今日の予約をキャンセルしていただけますか？
Can you please cancel today's appointment?

ミニコラム

今は電話ではなくて、ネットやアプリで美容院を探して予約できる店が多いです。最近はSNSで美容院を探す人も多いです。

Nowadays, many beauty salons allow you to search for and book salons online or via an app rather than over the phone. Recently, many people are searching for beauty salons on social media.

Lesson 7

趣味・余暇

美容院で希望の髪型を伝える
Telling the desired hairstyle at the beauty salon

基本フレーズ　岡本さんは美容院で髪を切ります。基本フレーズを確認しましょう。  5-25

岡本

1 うしろは3cmくらいカットしてください。
Please cut about 3 cm off the back.

岡本

2 この写真と同じ色にしてほしいです。
I'd like it to be the same color as in this photo.

岡本

3 もう少しすいてもらえますか？
Can you thin it out a bit more?

フレーズのミニ解説

基本フレーズの表現やポイントを確認しましょう。

1 うしろは３ｃｍくらいカットしてください。

どのくらい切ってほしいかを伝えるときに、具体的にcmを使って伝えることができます。

> **例** 耳に１cmかかるくらいにカットしてください。

When telling them how length you want your hair cut, you can be specific by using centimeters.

> **Example** Cut it so that it covers my ears by about 1 cm.

2 この写真と同じ色にしてほしいです。

スマホや雑誌の写真を見せながら、希望の髪型や髪色を伝えるときの言い方です。

> **例** この写真と同じ髪型にしてください。

This is a way to explain the hairstyle and hair color you want while showing a photo from your smartphone or a magazine.

> **Example** Please get the same hairstyle as in this photo.

3 もう少しすいてもらえますか？

「もう少し〜てもらえますか？」は自分のイメージや理想の髪型と少し違ったとき、少しだけ何かをしてほしいときに使えるフレーズです。「髪をすく」というのは髪の量を減らすことです。

> **例** もう少し濃い色にしてもらえますか？

"Moo sukoshi ~ shite moraemasu ka (can you do ~ a little more)?" is a phrase you can use when the hairstyle you have is a little different from the one you imagined or ideal, and you want something a little different. "kami o suku (thinning hair)" means reducing the amount of hair.

> **Example** Can you make it a little darker color, please?

SCENE 5 趣味・余暇

会話文

基本フレーズに注目しながら美容師さんと岡本さんの会話を聞いてみましょう。  5-26

岡本： こんにちは。予約した岡本です。

美容師： 岡本様、お待ちしておりました。

こちらのお席にどうぞ。

本日はどのような髪型*をご希望ですか？

岡本： 全体的に軽くしたくて、うしろは10cmくらいカットしてください。

美容師： わかりました。前髪はどうされますか？

岡本： 前髪は眉毛より少し下の長さにしてください。

美容師： かしこまりました。カラーはお決まりですか？

岡本： はい。（スマホを見せながら）この写真と同じ色にしてほしいです。

美容師： かしこまりました。

美容師： うしろのカットが終わりました。

（鏡を見せながら）いかがですか？

岡本： あの……もう少しすいてもらえますか？

美容師： かしこまりました。

*髪型はヘアスタイルとも言う

—— English ——

Okamoto: Hello. I have a reservation under Okamoto.

Beautician: We have been waiting for you, Mr./Ms. Okamoto. Please have this seat.
How would you like to have your hair done today?

Okamoto: I'd like you to reduce the volume of my hair all over and cut about 10 cm off the back.

Beautician: Ok. How would you like your bangs?

Okamoto: Please cut the bangs just below my eyebrows.

Beautician: Sure. Have you decided the color?

Okamoto: Yes. (while showing a smartphone) I'd like it to be the same color as in this photo.

Beautician: Certainly.

Beautician: The hair cut of your back is done.
(while showing a mirror) How do you feel?

Okamoto: Well…can you thin it out a bit more?

Beautician: Sure.

*"Kamigata" is often called "hairstyle" also in Japanese.

単語

イラストを見ながら、美容院で使う単語を練習しましょう。 🔊 5-27

1. 美容師
2. 前髪
3. 後ろ髪
4. サイド
5. トップ
6. もみあげ
7. 毛先
8. ロングヘア
9. ボブヘア
10. ショートヘア
11. ハイライト
12. ブリーチ
13. 縮毛矯正
14. 揃える

1 beautician	2 bangs/fringe	3 back of hair
4 sides	5 top	6 sideburns
7 hair ends	8 long hair	9 bob cut
10 short hair	11 highlights	12 bleach
13 hair straightening	14 trim	

— ミニクイズ — （　）に入ることばを選んでください。

Q1 前髪は1cmくらい（　　　）してください。
　① カット　② トップ　③ サイド

Q2 もう少し（　　　）色にしてもらえますか？
　① ボブヘア　② 毛先　③ 明るい

答え → Q1 ①　Q2 ③

便利な表現
Useful Expressions

ピアスやイヤリングを外してこの箱の中に入れてください。
Please remove your earrings and place them in this box.

お首は辛くないですか？
Is your neck in any discomfort?

洗い足りないところはありませんか？
Is everything ok with the wash so far?

痒いところはありませんか？
Any place, still itchy?

カラー剤を塗ってから15分後に洗い流します。
I will apply the color and wash it off after 15 minutes.

前髪は眉がかくれるくらいにしてください。
Please cut the bangs just a little over my eyebrows.

ミニコラム

初めて行く美容院では最初にアンケートを書くところもあります。書いてある日本語がわからないときは、Googleレンズの翻訳機能を使うと、書いた文字を翻訳してくれるので便利です。

When you first go to a hair salon, you may be asked to fill out a questionnaire first. If you don't understand the Japanese written on the questionnaire, you can use the Google Lens translation feature, which is convenient as it will translate the written text.

もっと便利な表現
More Useful Expressions
🔊 5-29

近くに駐車場はありますか？
Is there a parking lot nearby?

雨の日でも営業しますか？
Are you open on rainy days?

休館日はいつですか？
When are you closed?

ベビーカーを借りることはできますか？
Can I borrow a stroller?

子どもが迷子になってしまいました。
My child has gotten lost.

おまかせでお願いします。
I want to leave it to you.

カラーは黒っぽいブラウンがいいです。
Please dye my hair dark brown.

イメージしていた色より明るいです。
This color is lighter than I imaged.

（前髪は）この辺で分けてください。
Please part (my bangs) around here.

緩めのカールにしてください。
I want loose curls.

ちょうどいいです。
Looks good.

SCENE 6

病院(びょういん)

病院(びょういん)の受付(うけつけ)や診察(しんさつ)で使(つか)う表現(ひょうげん)を学(まな)びましょう。
自分(じぶん)の体(からだ)の状態(じょうたい)を伝(つた)えたり、薬(くすり)に関(かん)する言葉(ことば)が
聞(き)き取(と)れるように練習(れんしゅう)してみましょう！

Learn the expressions that you will use at a hospital reception
or when consulting a doctor.
Practice your pronunciations so that you can explain your physical condition and
understand the words related to medicines!

HOSPITAL

Lesson 1

病院<ruby>びょういん</ruby>

歯医者を予約する
Making a dentist appointment

基本フレーズ

李さんは歯医者を予約します。
基本フレーズを確認しましょう。

🔊 6-1

李

1 昨日から前歯が痛いんです。
I have a pain in my front tooth since yesterday.

李

2 持ち物を教えてください。
Please tell me what to bring.

李

3 旅行で日本に来ました。
I came to Japan on a trip.

フレーズのミニ解説

基本フレーズの表現やポイントを確認しましょう。

1 AからBが痛いんです。

Aには日時を表す名詞が入ります。Bにはどこが痛いか、体に関する名詞が入ります。

> **例** 4日前から左の奥歯が痛いんです。

▶「〜んです」の使い方はP.117を参照

"A" is a noun for the date and time, and "B" is a noun for the body, where the pain is.

Example My left back tooth has been hurting for four days.

▶ See page 117 for the usage of "n desu"!

2 持ち物を教えてください。

何を持っていけばいいかわからないときに聞くフレーズです。他にも「何か持っていくものはありますか？」と聞くことができます。

This is a phrase to ask when you don't know what to bring. You can also ask "nani ka motte iku mono wa arimasu ka (is there anything I should bring)?".

3 Aで日本に来ました。

Aには日本に来た目的、例えば「出張」や「研修」などの名詞が入ります。また、目的を表す「ために」を使って日本に来た理由を話すこともできます。

> **例** 日本にいる家族に会うために、栃木に来ました。

"A" is a noun that describes your purpose for coming to Japan, such as "business trip" or "training." You can also talk about the reason you came to Japan by using "tameni," that can express the purpose.

Example I came to Tochigi to see my family in Japan.

会話文

基本フレーズに注目しながら歯医者の
スタッフさんと李さんの会話を聞いてみましょう。

 6-2

受付： こんにちは。ご予約はされていますか？

李： いえ、予約していないんですけど、昨日から前歯が痛いんです。
虫歯かもしれないので、すぐに診てもらえませんか？

受付： そうでしたか。
今予約がいっぱいでして、夕方か明日の午後でしたら空いて
いるんですが……

李： じゃあ今日の夕方でお願いします。

受付： かしこまりました。では18時で予約をお取りしますね。

李： ありがとうございます。あの、持ち物を教えてください。

受付： 当院は初めてですか？

李： はい、初めてです。
私はシンガポールに住んでいて、旅行で日本に来ました。

受付： そうでしたか。ではパスポートと現金を必ずお持ちください。

李： わかりました。

English

会話文

Reception: Hello. Do you have an appointment?

Lee: No, I don't have an appointment. I have a pain in my front tooth since yesterday.
I think it might be a cavity. Can you take a look at it right away?

Reception: I see. It's fully booked right now, but we have some vacancies in the evening or tomorrow afternoon.

Lee: If possible, please make it this evening.

Reception: Ok. I'll make an appointment for 6 p.m.

Lee: Thank you. Um, please tell me what to bring.

Reception: Is this your first time at our clinic?

Lee: Yes, it is.
I live in Singapore and came to Japan on a trip.

Reception: I see. Then, please make sure to bring your passport and cash.

Lee: Thank you.

単語

イラストを見ながら、歯医者で使う単語を練習しましょう。 🔊 6-3

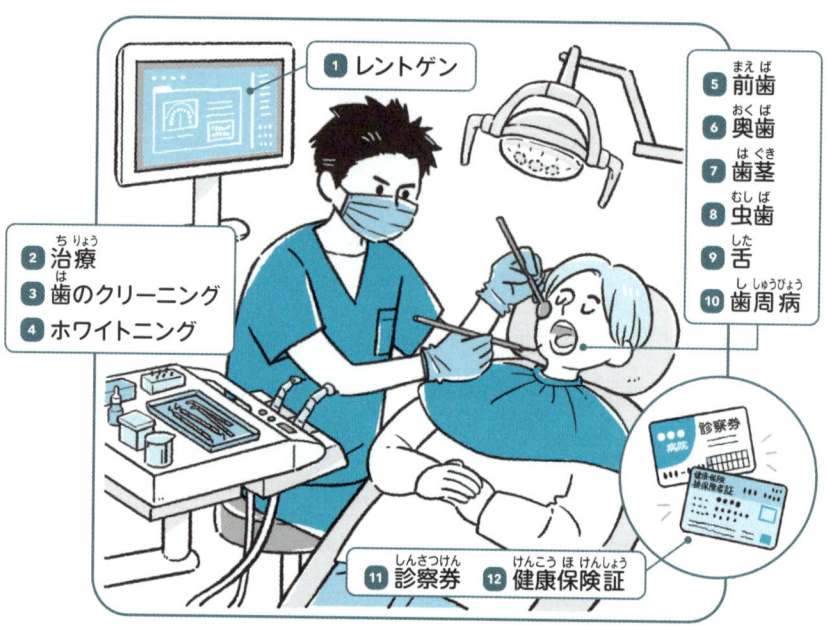

1. レントゲン
2. 治療
3. 歯のクリーニング
4. ホワイトニング
5. 前歯
6. 奥歯
7. 歯茎
8. 虫歯
9. 舌
10. 歯周病
11. 診察券
12. 健康保険証

---

1. X-rays
2. treatment
3. teeth cleaning
4. whitening
5. front tooth
6. back tooth
7. gums
8. cavity
9. tongue
10. gum disease
11. medical examination ticket
12. health insurance card

ミニクイズ ( ) に入ることばを選んでください。

Q1 3日前（　　　）奥歯が痛いんです。
　　❶ で　　❷ から　　❸ さき

Q2 歯のホワイトニング（　　　）来ました。
　　❶ を　　❷ で　　❸ が

答え → Q1 ❷　Q2 ❷

便利な表現
Useful Expressions

ネットで予約できますか？
Can I make an appointment online?

診察料はいくらくらいかかりますか？
How much does a medical fee cost?

詰め物がとれてしまいました。
My filling has fallen out.

歯茎から血が出ています。
My gums are bleeding.

歯が欠けてしまいました。
My tooth is chipped.

冷たいものを食べると歯がしみます。
My tooth stings when I eat something cold.

ミニコラム

日本の保険証がない人は、医療費を全額払わなければなりません。診察が終わったら、その日にお金を払います。クレジットカードが使えないところもあるので、先に受付で聞いてみましょう。

If you don't have a Japanese health insurance card, you will have to pay the full medical fee. You will pay on the day of your appointment, after the medical examination. Some clinics don't accept credit cards, so be sure to ask about it at the reception desk first.

Lesson 2

病院で診察を受ける
Receiving a medical examination at a hospital

病院

基本フレーズ お医者さんが診察しています。基本フレーズを確認しましょう。 🔊 6-5

1 今日は
どうされましたか？
What brings you here today?

医者

2 お通じはどうですか？
How is your stool?

医者

3 あおむけで寝てください。
Please lie down on your back.

医者

フレーズのミニ解説

基本フレーズの表現やポイントを確認しましょう。

1 今日はどうされましたか？

医者が患者の症状を聞くときのフレーズです。

This is the phrase a doctor uses when asking about a patient's symptoms.

2 Aはどうですか？

医者が患者の体の状態について具体的に質問をするときにこのように聞くことが多いです。Aには名詞が入ります。「お通じ」というのは便秘や下痢など、便の状態を言います。

例
医者「咳はどうですか？」　患者「朝と夜、咳がでます」
医者「のどはどうですか？」　患者「ちょっと痛いです」

When a doctor wants to ask a specific question about the patient's physical condition, they often ask like this. "A" is a noun. "Otsuuji" refers to the state of bowel movements, such as constipation or diarrhea.

Example Doctor: "How's your cough?"　Patient: "I am coughing in the morning and at night."
Doctor: "How's your throat?"　Patient: "It hurts a little."

3 あおむけで寝てください。

医者が診察するときに、患者にいろいろな体勢になるようにお願いするときのフレーズです。「あおむけ」は顔を上にして、天井を見て寝ることです。逆に顔を下にして寝ることを「うつぶせ」と言います。

This is a phrase that doctors use when asking patients to lie in different positions during their examinations. "Aomuke" means to lie face up and look at the ceiling. Conversely, lying face down is called "Utsubuse."

会話文

基本フレーズに注目しながらお医者さんと今井さんの会話を聞いてみましょう。 🔊 6-6

医者：今井さん、2番の診察室にどうぞ。
今井：はい。失礼します。お願いします。
医者：こんにちは。**今日はどうされましたか？**
今井：昨日の夜から胃が痛くて、何度も吐いてしまいました。
医者：**お通じはどうですか？**
今井：ずっと下痢が続いています。
医者：食中毒の可能性がありますね。昨日、何食べましたか？
今井：あっ……昨日、牡蠣食べました。
　　　牡蠣にあたったのかもしれません……。
医者：なるほど。ちょっと心臓の音を聞きますね。
　　　うーん、異常ないですね。
　　　お腹を触るので、このベッドに**あおむけで寝てください。**
今井：はい。
医者：牡蠣のノロウイルスに感染した可能性が高いですね。
　　　脱水症状があるので、点滴をしましょう。
　　　1時間くらいで終わります。
今井：わかりました。お願いします。

動画でチャレンジ！

English

会話文

Doctor: Mr./Ms. Imai, please enter the consulting room number 2.

Imai: Yes. May I come in? Hello.

Doctor: Hello. What brings you here today?

Imai: I have a stomachache since last night and have vomited several times.

Doctor: How is your stool?

Imai: I have diarrhea for a while now.

Doctor: You might have food poisoning. What did you eat yesterday?

Imai: Oh...I ate oysters yesterday.
Maybe they gave me an oyster poisoning.

Doctor: I see. Let me listen to your heartbeat.
Hmm, there's nothing wrong.
Lie down on your back on this bed, please.

Imai: Ok.

Doctor: There's a good chance you've been infected with oyster norovirus.
You're dehydrated, so I'll give you an IV drip.
It will take about an hour.

Imai: I understand. Thank you.

単語

イラストを見ながら、病院で使う単語を練習しましょう。 🔊 6-7

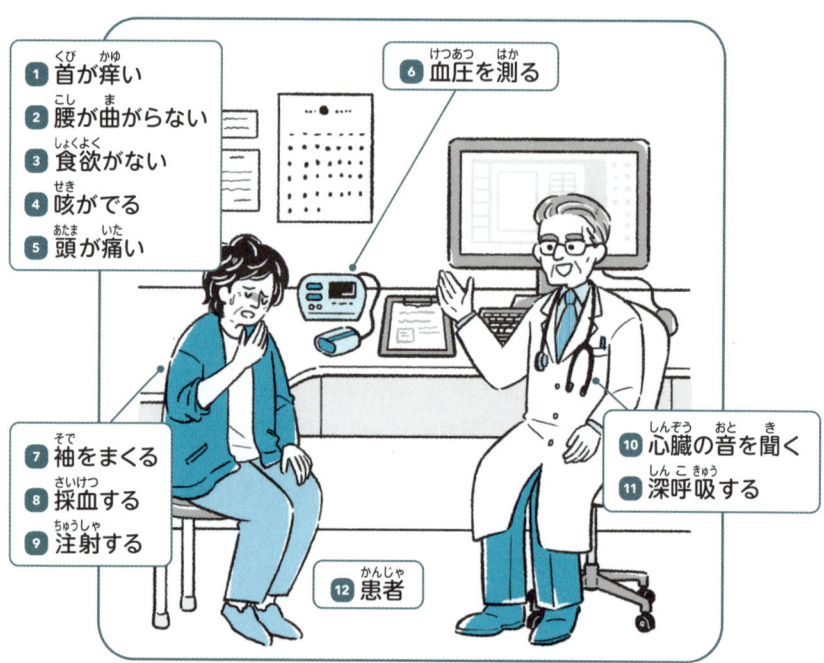

1. 首が痒い
2. 腰が曲がらない
3. 食欲がない
4. 咳がでる
5. 頭が痛い
6. 血圧を測る
7. 袖をまくる
8. 採血する
9. 注射する
10. 心臓の音を聞く
11. 深呼吸する
12. 患者

- ① itchy neck
- ② cannot bend at the waist
- ③ lack of appetite
- ④ having a cough
- ⑤ having a headache
- ⑥ take blood pressure
- ⑦ roll up the sleeves
- ⑧ take a blood sample
- ⑨ give an injection
- ⑩ listen to the heartbeat
- ⑪ breathe deeply
- ⑫ patient

ミニクイズ ― （　）に入ることばを選んでください。

Q1 熱があって、鼻水もでるんですね。のどは（　　）？

① でますか　② どうですか　③ まくりますか

Q2 点滴をしますので、ベッドに（　　）で寝てください。

① あおいろ　② あおきく　③ あおむけ

答え → Q1 ②　Q2 ③

便利な表現
Useful Expressions

🔊 6-8

今までにかかった病気はありますか?
Have you ever had any illness?

今飲んでいる薬はありますか?
Are you currently taking any medicines?

過去に手術を受けたことはありますか?
Have you had surgery in the past?

薬や食べ物でアレルギーが出たことがありますか?
Have you ever had an allergy to a drug or food?

妊娠していますか?
Are you pregnant?

何か持病はありますか?
Do you have any chronic diseases?

お大事になさってください。
Please take care of yourself.

――― ワンポイント ―――

症状や痛さを伝えるとき、いろいろな言い方があります。
例 胃がチクチクする。チクチク → 針を刺したような痛み
　　頭がガンガンする。ガンガン → 大きな音が響くような激しい痛み

There are various ways to describe symptoms and pain.
Example　My stomach feels tingly.
　　　　Chiku chiku → A pain like a needle being stuck in the stomach
　　　　My head is pounding.
　　　　Gan gan → Severe pain, like a loud noise echoing in the head

SCENE 6　病院

Lesson 3 病院

処方箋を渡して薬を受け取る

Handing a prescription and getting your medicine

基本フレーズ

薬剤師さんが薬の説明をします。基本フレーズを確認しましょう。

🔊 6-9

1 この白い錠剤は咳止めです。

This white tablet is a cough suppressant.

薬剤師

2 1日2回、1錠を朝と夜に飲んでください。

Take one tablet twice a day, once in the morning and once at night.

薬剤師

3 必ず空腹時に飲んでください。

Always take it on an empty stomach.

薬剤師

フレーズのミニ解説

基本フレーズの表現やポイントを確認しましょう。

1 AはBです。

Aには薬の色や形が入ります。BではAがどんな薬か説明します。錠剤というのは固形の薬でタブレットと呼ばれることもあります。

例 こちらの赤いカプセルは熱を下げる薬です。

"A" is the color and shape of the medicine. "B" explains what kind of medicine "A" is. "Joozai" is a solid medicine and sometimes called "tablet" also in Japanese.

Example This red capsule is a medicine to reduce fever.

2 1日2回、1錠を朝と夜に飲んでください。

薬の飲み方について説明するときのフレーズです。「1日2回」は1日何回飲むか、薬を飲む回数のことで、「1錠」は薬の数です。1錠は1個です。「朝と夜」は飲む時間帯のことです。「夜」は「夕」と書いてあることもあります。

This is a phrase used when explaining how to take medicine. "Ichi-nichi ni-kai (twice a day)" refers to how many times a day you take the medicine, and "ichi-joo (1 tablet)" refers to the number of pills. One tablet is one pill.
"Asa to yoru (morning and night)" refers to the time of day you take medicine. "Yoru" is sometimes written as "yuu."

3 必ず空腹時に飲んでください。

これも **2** と同じように薬の飲み方の説明です。ここでは薬を飲むタイミングがご飯を食べる前なのか後なのかについて説明しています。

As in 2, this is also an explanation of how to take medicine. Here, it explains whether to take medicine before or after a meal.

 基本フレーズに注目しながら薬剤師さんと横山さんの会話を聞いてみましょう。

横山： （処方箋の紙を渡しながら）こんにちは。お願いします。
薬剤師： はい、お預かりします。お薬手帳はありますか？
横山： いえ、ありません。
薬剤師： わかりました。あちらにおかけになってお待ちください。
薬剤師： 横山様、お待たせしました。
　　　　こちらが今日お出しするお薬になります。
　　　　この白い錠剤は咳止めです。
　　　　1日2回、1錠を朝と夜に飲んでください。
　　　　必ず空腹時に飲んでください。
　　　　全部で1週間分ありますが、1週間後も症状が続くようでしたら病院に行ってください。
横山： わかりました。
薬剤師： では本日のお会計、1,890円になります。

Yokoyama: (while handing the prescription paper) Hello. Here you go.

Pharmacist: Sure, I will process it. Do you have your medication book?

Yokoyama: No, I don't.

Pharmacist: All right, I understand. Please take a seat over there and wait.

Pharmacist: Mr./Ms. Yokoyama, thank you for waiting.
Here are the medicines we will be giving you today.
This white tablet is a cough suppressant.
Take one tablet twice a day, once in the morning and once at night.
Always take it on an empty stomach.
There's a week's worth of them in total, but if symptoms persist after a week, go to the hospital.

Yokoyama: Understood.

Pharmacist: Then, today's total comes to 1,890 yen.

単語

イラストを見ながら、薬局で使う単語を練習しましょう。

 6-11

1. 風邪薬
2. 鎮痛剤
3. 塗り薬
4. 湿布
5. 包帯
6. 目薬
7. 点鼻薬
8. 飲み薬
9. 錠剤
10. 粉薬
11. カプセル

---

1. cold medicine
2. painkiller
3. ointment
4. poultice
5. bandage
6. eye drop
7. nasal drop
8. oral medicine
9. tablet
10. powder
11. capsule

ミニクイズ （　　）に入ることばを選んでください。

Q1 1日3回、（　　）をさしてください。
① 目薬　② 湿布　③ カプセル

Q2 この風邪薬は食後に（　　）ください。
① 食べて　② 痒いて　③ 飲んで

答え → Q1 ①　Q2 ③

便利な表現 Useful Expressions  6-12

違和感があったら、薬を飲むのをやめて
すぐに病院に行ってください。

If you feel any discomfort, stop taking the medicine and go to a hospital immediately.

この薬は副作用が出る可能性があります。

This medicine may have side effects.

食後何時間以内に飲まないといけませんか？

Within how many hours after a meal must I take it?

組み合わせに注意が必要な薬があります。

There are some medicines that require caution when combined with other medicines.

この薬は頭が痛いときや熱があるときに飲んでください。

Take this medicine when you have a headache or fever.

必ず水といっしょに飲んでください。

Be sure to take it with water.

―― ミニコラム ――

処方箋の有効期間は病院で処方箋をもらってから4日間です。その間に必ず薬局に行きましょう。「処方箋受付」と書いてあるところなら、薬局でもドラッグストアでもどこでもいいです。

Prescriptions are valid for four days from the day you receive it from the hospital. Be sure to go to a pharmacy within the period. Any place that says "Prescription Reception" is fine, whether it's a pharmacy or drugstore.

もっと便利な表現
More Useful Expressions
🔊 6-13

椅子をたおします。
I'm going to recline the chair now.

目にタオルをのせます。
I'll place a towel over your eyes.

口を大きく開けてください。
Open your mouth wide.

虫歯がひどいので歯を抜く必要があります。
You have a severe cavity, so your tooth needs to be pulled out.

これから2時間は何も食べないでください。
Do not eat anything for the next two hours.

よく歯を磨いてください。
Brush your teeth well.

親知らずを抜いたほうがいいです。
You should have your wisdom tooth pulled out.

口をゆすいでください。
Rinse your mouth out.

麻酔をします。
I will give you anesthesia.

この薬を飲んだら眠くなりますか？
Will this medicine make me sleepy?

今日はお風呂に入ってもいいですか？
Can I take a bath today?

もっと便利な表現
More Useful Expressions
「病院で使うオノマトペ」 🔊 6-14

腕がヒリヒリします。
My arms are tingling.

頭がズキズキします。
My head is throbbing.

足がジンジンします。
My legs are tingling.

背中がゾクゾクします。
My back is tingling.

胃がムカムカします。
I feel nauseous.

胃がキリキリします。
My stomach is in knots.

— ミニコラム —

「お薬手帳って何？」
日本にはいつ、どこで、どういう薬を処方してもらったかを記録しておくための「お薬手帳」があります。薬局で処方箋の薬をもらうときに「お薬手帳がほしい」と言うと、無料でもらうことができます。(2024年6月時点の情報です)

In Japan, there is an "okusuri techoo (notebook for medication record)" to record when, where, and what medicine you were prescribed.
When you get your prescription at the pharmacy, say "okusuri techoo ga hoshii (I want a notebook for medication record)" and you can get one for free.
(Information as of June, 2024)

もっと便利な表現
More Useful Expressions
「地震が起こったときに使う表現」 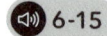 6-15

地震が発生しました。
An earthquake has occurred.

震源地は東京都です。渋谷区は震度5です。
The epicenter is in Tokyo. Shibuya Ward recorded a seismic intensity of 5.

テーブルの下に入って、頭を守ってください。
Get under a table and protect your head.

窓に近づかないでください。
Stay away from windows.

エレベーターを使わないでください。
Do not use the elevator.

2階のレストランで火災が発生しました。
A fire has broken out in a restaurant on the second floor.

この建物は危ないので、公園に避難してください。
This building is dangerous, so please evacuate to the park.

津波がきます！高いところに逃げて！
A tsunami is coming! Get to high ground!

1番近い避難所はどこですか？
Where is the nearest evacuation shelter?

余震に注意してください。
Beware of aftershocks.

地下鉄は終日運転を見合わせています。
Subway services have been suspended all day.

 あかねのYouTubeの動画で会話をもっと聞いてみましょう。
場所の名前の読み方も確認してみましょう。

❶ 北海道
❷ 宮城県
❸ 神奈川県
❹ 奈良県
❺ 岡山県
❻ 香川県
❼ 沖縄県

読み方
❶ ほっかいどう ❷ みやぎけん ❸ かながわけん ❹ ならけん
❺ おかやまけん ❻ かがわけん ❼ おきなわけん

— おわりに —

みなさんの日本語の旅はどうでしたか？

なかなか覚えられなかったり、忘れてしまう単語や文章がたくさんあると思います。言葉は実際に使わないとすぐに忘れてしまいます。忘れてしまっても自分を責めるんじゃなくて、忘れたらまた何回も聞いて何回も話して、復習すればいいんです。

周りの人と比べるんじゃなくて、過去の自分と比べて1つでもわかる単語や文章が増えていたら、それはみなさんが努力している証拠です。

少しだけこの本について書かせてください。

私はこの本を作るのに1年以上かかりました。アスク出版さんに「本を出したいです」と勇気をだして連絡をしたのは2023年1月10日です。本が完成するまでに20回以上原稿を修正して、この1年間はすごく大変だったけど、すごく楽しかったです。

「私の視聴者さんならこの表現が知りたいはず」

「この単語を知っていたら役に立つはず」

こういうことを考えていたら原稿を書きすぎて、本に載せられなかったものもあったぐらい、私はこの本を書いている時すごく幸せで楽しかったです。今回この本を出版するまでに1番サポートしてくれたアスク出版の堤さんと打ち合わせをしているときもたくさんアイデアがでてきて、いつもワクワクしていました。

本を出版する経験ができたのは私にとって宝物です。

そんな私の宝物を選んでくれたみなさんも私の宝物です。

日本語を勉強してくれて、本当にありがとうございます。

あかね的日本語教室
あかね

── 著者紹介 ──

 あかね

YouTube
Podcast
Instagram
オンラインコース

大学を卒業後一般企業に就職。退職後、國學院大學大学院文学研究科日本語教育コース修了。
2016年日本語教育能力検定試験に合格。
2017年から日本語学校で非常勤講師として日本語を教える傍ら、
2018年にYouTube「あかね的日本語教室」を開始。
2025年8月現在チャンネル登録者数66万人。

聞いて、話せる！おでかけ日本語会話

2024年7月25日　初版第1刷発行
2025年8月25日　初版第3刷発行

著者	あかね
翻訳	株式会社ラテックス・インターナショナル
ナレーション	村上由佳（ゆか先生）、あかね
イラスト	田島ミノリ
デザイン	岡崎裕樹（アスク デザイン部）
DTP	有限会社北路社
印刷・製本	株式会社文化カラー印刷
編集	堤凜衣
発行人	天谷修身
発行	株式会社アスク 〒162-8558　東京都新宿区下宮比町2-6 TEL:03-3267-6863

乱丁、落丁本はお取り替えいたします。許可なしに転載、複製することを禁じます。
©Akane 2024
Printed in Japan　ISBN 978-4-86639-758-0